NAME ______________________________ FORM 1

NAME ______________________________ FORM 1

NAME ______________________________ FORM 1

NAME ____________________ FORM 1

NAME ______________________________ FORM 1

NAME ______________________________ FORM 1

NAME ________________________________ FORM 1

NAME ______________________________ FORM 1

NAME ______________________ FORM 1

NAME ______________________ FORM 1

NAME ______________________________ FORM 1

NAME ______________________________ FORM 1

NAME ______________________________ FORM 1

NAME ______________________________ FORM 1

NAME ______________________________ FORM 1

NAME ______________________________ FORM 1

NAME ______________________________ FORM 1

NAME ______________________ FORM 1

NAME ______________________ FORM 1

NAME ______________________________ FORM 1

NAME ______________________________ FORM 1

NAME ______________________________ FORM 1

NAME ______________________________ FORM 1

NAME ______________________________ FORM 1

NAME ______________________________ FORM 1

NAME ______________________ FORM 1

NAME ______________________________ FORM 1

NAME ______________________________ FORM 1

NAME ______________________________ FORM 1

NAME ________________________________ FORM 1

NAME ______________________________ FORM 1

NAME ______________________________ FORM 1

NAME ______________________ FORM 1

NAME ________________________________ FORM 1

NAME ______________________________ FORM 1

NAME ______________________________ FORM 1

NAME ______________________________ FORM 1

NAME ______________________________ FORM 1

NAME ________________________ FORM 1

NAME ______________________________ FORM 1

NAME ______________________________ FORM 1

NAME ______________________________ FORM 1

NAME ______________________________ FORM 1

NAME ____________________ FORM 1

NAME ______________________________ FORM 1

NAME ______________________ FORM 1

NAME ______________________________ FORM 1

NAME ______________________________ FORM 1

NAME ______________________________ FORM 1

NAME ______________________ FORM 1

NAME ______________________ FORM 1

NAME ______________________ FORM 1

NAME Lori Huffman FORM 2

JOURNAL

PAGE

DATE		DESCRIPTION	POST. REF.	DEBIT	CREDIT
2002 Apr	5	Cash		18000	
		John Bike, Capital			18000
Apr	6	Rent Expense		2000	
		Cash			2000
Apr	7	Equipment		10500	
		Accounts Payable			10500
Apr	8	Notes Payable		8000	
		Cash			10000
Apr	10	Supplies		1315	
		Cash			1315
Apr	12	Cash		7300	
		Fees Earned			7300
Apr	20	Prepaid Insurance		1200	
		Cash			1200
Apr	23	Accounts Receivable		4950	
		Cash			4950
Apr	24	Truck Expenses		450	
		Accounts Payable			450
Apr	29	Utilities Expense		750	
		Cash			750
Apr	29	Miscellaneous Expense		210	
		Cash			210

NAME ______________________ FORM 2

JOURNAL

PAGE

DATE		DESCRIPTION	POST. REF.	DEBIT	CREDIT
2002 Apr	30	Cash		2200	
		Accounts Receivable			2200
Apr	30	Wage Expenses		3000	
		Cash			3000
Apr	30	Account Payable		1800	
		Cash			1800
				3500	
Apr	30	Drawing			3500
		Cash			

NAME ______________________________ FORM 2

JOURNAL

PAGE

	DATE		DESCRIPTION	POST. REF.	DEBIT	CREDIT	
1							1
2							2
3							3
4							4
5							5
6							6
7							7
8							8
9							9
10							10
11							11
12							12
13							13
14							14
15							15
16							16
17							17
18							18
19							19
20							20
21							21
22							22
23							23
24							24
25							25
26							26
27							27
28							28
29							29
30							30
31							31
32							32

NAME ______________________________ FORM 2

JOURNAL

PAGE

DATE		DESCRIPTION	POST. REF.	DEBIT	CREDIT

NAME ______________________ FORM 2

JOURNAL

PAGE

DATE		DESCRIPTION	POST. REF.	DEBIT	CREDIT

NAME ______________________________ FORM 2

JOURNAL

PAGE

	DATE		DESCRIPTION	POST. REF.	DEBIT	CREDIT	
1							1
2							2
3							3
4							4
5							5
6							6
7							7
8							8
9							9
10							10
11							11
12							12
13							13
14							14
15							15
16							16
17							17
18							18
19							19
20							20
21							21
22							22
23							23
24							24
25							25
26							26
27							27
28							28
29							29
30							30
31							31
32							32

NAME ______________________________ FORM 2

JOURNAL

PAGE

	DATE		DESCRIPTION	POST. REF.	DEBIT	CREDIT	
1							1
2							2
3							3
4							4
5							5
6							6
7							7
8							8
9							9
10							10
11							11
12							12
13							13
14							14
15							15
16							16
17							17
18							18
19							19
20							20
21							21
22							22
23							23
24							24
25							25
26							26
27							27
28							28
29							29
30							30
31							31
32							32

NAME ______________________ FORM 2

JOURNAL

PAGE ______

	DATE	DESCRIPTION	POST. REF.	DEBIT	CREDIT	
1						1
2						2
3						3
4						4
5						5
6						6
7						7
8						8
9						9
10						10
11						11
12						12
13						13
14						14
15						15
16						16
17						17
18						18
19						19
20						20
21						21
22						22
23						23
24						24
25						25
26						26
27						27
28						28
29						29
30						30
31						31
32						32

NAME ______________________ FORM 2

JOURNAL

PAGE ______

	DATE	DESCRIPTION	POST. REF.	DEBIT	CREDIT	
1						1
2						2
3						3
4						4
5						5
6						6
7						7
8						8
9						9
10						10
11						11
12						12
13						13
14						14
15						15
16						16
17						17
18						18
19						19
20						20
21						21
22						22
23						23
24						24
25						25
26						26
27						27
28						28
29						29
30						30
31						31
32						32

NAME ______________________ FORM 2

JOURNAL

PAGE

DATE		DESCRIPTION	POST. REF.	DEBIT	CREDIT

NAME ______________________________ FORM 2

JOURNAL

PAGE

	DATE		DESCRIPTION	POST. REF.	DEBIT	CREDIT	
1							1
2							2
3							3
4							4
5							5
6							6
7							7
8							8
9							9
10							10
11							11
12							12
13							13
14							14
15							15
16							16
17							17
18							18
19							19
20							20
21							21
22							22
23							23
24							24
25							25
26							26
27							27
28							28
29							29
30							30
31							31
32							32

NAME ______________________ FORM 2

JOURNAL

PAGE

DATE	DESCRIPTION	POST. REF.	DEBIT	CREDIT

NAME ______________________________ FORM 2

JOURNAL

PAGE

	DATE		DESCRIPTION	POST. REF.	DEBIT	CREDIT	
1							1
2							2
3							3
4							4
5							5
6							6
7							7
8							8
9							9
10							10
11							11
12							12
13							13
14							14
15							15
16							16
17							17
18							18
19							19
20							20
21							21
22							22
23							23
24							24
25							25
26							26
27							27
28							28
29							29
30							30
31							31
32							32

NAME ______________________________ FORM 2

JOURNAL

PAGE ______

	DATE		DESCRIPTION	POST. REF.	DEBIT	CREDIT	
1							1
2							2
3							3
4							4
5							5
6							6
7							7
8							8
9							9
10							10
11							11
12							12
13							13
14							14
15							15
16							16
17							17
18							18
19							19
20							20
21							21
22							22
23							23
24							24
25							25
26							26
27							27
28							28
29							29
30							30
31							31
32							32

NAME ______________________________ FORM 2

JOURNAL

PAGE

	DATE	DESCRIPTION	POST. REF.	DEBIT	CREDIT	
1						1
2						2
3						3
4						4
5						5
6						6
7						7
8						8
9						9
10						10
11						11
12						12
13						13
14						14
15						15
16						16
17						17
18						18
19						19
20						20
21						21
22						22
23						23
24						24
25						25
26						26
27						27
28						28
29						29
30						30
31						31
32						32

NAME ______________________________ FORM 2

JOURNAL

PAGE

	DATE		DESCRIPTION	POST. REF.	DEBIT	CREDIT	
1							1
2							2
3							3
4							4
5							5
6							6
7							7
8							8
9							9
10							10
11							11
12							12
13							13
14							14
15							15
16							16
17							17
18							18
19							19
20							20
21							21
22							22
23							23
24							24
25							25
26							26
27							27
28							28
29							29
30							30
31							31
32							32

NAME ______________________________ FORM 2

JOURNAL

PAGE

DATE		DESCRIPTION	POST. REF.	DEBIT	CREDIT

NAME ______________________________ FORM 2

JOURNAL

PAGE ______

	DATE		DESCRIPTION	POST. REF.	DEBIT	CREDIT	
1							1
2							2
3							3
4							4
5							5
6							6
7							7
8							8
9							9
10							10
11							11
12							12
13							13
14							14
15							15
16							16
17							17
18							18
19							19
20							20
21							21
22							22
23							23
24							24
25							25
26							26
27							27
28							28
29							29
30							30
31							31
32							32

NAME ______________________________ FORM 2

JOURNAL

PAGE

	DATE		DESCRIPTION	POST. REF.	DEBIT	CREDIT	
1							1
2							2
3							3
4							4
5							5
6							6
7							7
8							8
9							9
10							10
11							11
12							12
13							13
14							14
15							15
16							16
17							17
18							18
19							19
20							20
21							21
22							22
23							23
24							24
25							25
26							26
27							27
28							28
29							29
30							30
31							31
32							32

NAME ______________________________ FORM 2

JOURNAL

PAGE

DATE		DESCRIPTION	POST. REF.	DEBIT	CREDIT

NAME ______________________ FORM 2

JOURNAL

PAGE

	DATE		DESCRIPTION	POST. REF.	DEBIT	CREDIT	
1							1
2							2
3							3
4							4
5							5
6							6
7							7
8							8
9							9
10							10
11							11
12							12
13							13
14							14
15							15
16							16
17							17
18							18
19							19
20							20
21							21
22							22
23							23
24							24
25							25
26							26
27							27
28							28
29							29
30							30
31							31
32							32

NAME ______________________ FORM 2

JOURNAL

PAGE

	DATE		DESCRIPTION	POST. REF.	DEBIT	CREDIT	
1							1
2							2
3							3
4							4
5							5
6							6
7							7
8							8
9							9
10							10
11							11
12							12
13							13
14							14
15							15
16							16
17							17
18							18
19							19
20							20
21							21
22							22
23							23
24							24
25							25
26							26
27							27
28							28
29							29
30							30
31							31
32							32

NAME ______________________ FORM 2

JOURNAL

PAGE

	DATE		DESCRIPTION	POST. REF.	DEBIT	CREDIT	
1							1
2							2
3							3
4							4
5							5
6							6
7							7
8							8
9							9
10							10
11							11
12							12
13							13
14							14
15							15
16							16
17							17
18							18
19							19
20							20
21							21
22							22
23							23
24							24
25							25
26							26
27							27
28							28
29							29
30							30
31							31
32							32

NAME ______________________________ FORM 2

JOURNAL

PAGE

	DATE		DESCRIPTION	POST. REF.	DEBIT	CREDIT	
1							1
2							2
3							3
4							4
5							5
6							6
7							7
8							8
9							9
10							10
11							11
12							12
13							13
14							14
15							15
16							16
17							17
18							18
19							19
20							20
21							21
22							22
23							23
24							24
25							25
26							26
27							27
28							28
29							29
30							30
31							31
32							32

NAME ______________________________ FORM 2

JOURNAL

PAGE

	DATE		DESCRIPTION	POST. REF.	DEBIT	CREDIT	
1							1
2							2
3							3
4							4
5							5
6							6
7							7
8							8
9							9
10							10
11							11
12							12
13							13
14							14
15							15
16							16
17							17
18							18
19							19
20							20
21							21
22							22
23							23
24							24
25							25
26							26
27							27
28							28
29							29
30							30
31							31
32							32

NAME ______________________________ FORM 2

JOURNAL

PAGE

	DATE		DESCRIPTION	POST. REF.	DEBIT	CREDIT	
1							1
2							2
3							3
4							4
5							5
6							6
7							7
8							8
9							9
10							10
11							11
12							12
13							13
14							14
15							15
16							16
17							17
18							18
19							19
20							20
21							21
22							22
23							23
24							24
25							25
26							26
27							27
28							28
29							29
30							30
31							31
32							32

NAME ______________________________ FORM 2

JOURNAL

PAGE ______

	DATE		DESCRIPTION	POST. REF.	DEBIT	CREDIT	
1							1
2							2
3							3
4							4
5							5
6							6
7							7
8							8
9							9
10							10
11							11
12							12
13							13
14							14
15							15
16							16
17							17
18							18
19							19
20							20
21							21
22							22
23							23
24							24
25							25
26							26
27							27
28							28
29							29
30							30
31							31
32							32

NAME ______________________ FORM 2

JOURNAL

PAGE

	DATE		DESCRIPTION	POST. REF.	DEBIT	CREDIT	
1							1
2							2
3							3
4							4
5							5
6							6
7							7
8							8
9							9
10							10
11							11
12							12
13							13
14							14
15							15
16							16
17							17
18							18
19							19
20							20
21							21
22							22
23							23
24							24
25							25
26							26
27							27
28							28
29							29
30							30
31							31
32							32

NAME ______________________ FORM 2

JOURNAL

PAGE

	DATE		DESCRIPTION	POST. REF.	DEBIT	CREDIT	
1							1
2							2
3							3
4							4
5							5
6							6
7							7
8							8
9							9
10							10
11							11
12							12
13							13
14							14
15							15
16							16
17							17
18							18
19							19
20							20
21							21
22							22
23							23
24							24
25							25
26							26
27							27
28							28
29							29
30							30
31							31
32							32

NAME ______________________ FORM 2

JOURNAL

PAGE

	DATE		DESCRIPTION	POST. REF.	DEBIT	CREDIT	
1							1
2							2
3							3
4							4
5							5
6							6
7							7
8							8
9							9
10							10
11							11
12							12
13							13
14							14
15							15
16							16
17							17
18							18
19							19
20							20
21							21
22							22
23							23
24							24
25							25
26							26
27							27
28							28
29							29
30							30
31							31
32							32

NAME ____________________ FORM 2

JOURNAL

PAGE

	DATE		DESCRIPTION	POST. REF.	DEBIT	CREDIT	
1							1
2							2
3							3
4							4
5							5
6							6
7							7
8							8
9							9
10							10
11							11
12							12
13							13
14							14
15							15
16							16
17							17
18							18
19							19
20							20
21							21
22							22
23							23
24							24
25							25
26							26
27							27
28							28
29							29
30							30
31							31
32							32

NAME ______________________________ FORM 2

JOURNAL

PAGE

	DATE	DESCRIPTION	POST. REF.	DEBIT	CREDIT	
1						1
2						2
3						3
4						4
5						5
6						6
7						7
8						8
9						9
10						10
11						11
12						12
13						13
14						14
15						15
16						16
17						17
18						18
19						19
20						20
21						21
22						22
23						23
24						24
25						25
26						26
27						27
28						28
29						29
30						30
31						31
32						32

NAME ______________________________ FORM 2

JOURNAL

PAGE

	DATE		DESCRIPTION	POST. REF.	DEBIT	CREDIT	
1							1
2							2
3							3
4							4
5							5
6							6
7							7
8							8
9							9
10							10
11							11
12							12
13							13
14							14
15							15
16							16
17							17
18							18
19							19
20							20
21							21
22							22
23							23
24							24
25							25
26							26
27							27
28							28
29							29
30							30
31							31
32							32

NAME ______________________ FORM 2

JOURNAL

PAGE ______

DATE		DESCRIPTION	POST. REF.	DEBIT	CREDIT

NAME ____________________ FORM 2

JOURNAL

PAGE

	DATE		DESCRIPTION	POST. REF.	DEBIT	CREDIT	
1							1
2							2
3							3
4							4
5							5
6							6
7							7
8							8
9							9
10							10
11							11
12							12
13							13
14							14
15							15
16							16
17							17
18							18
19							19
20							20
21							21
22							22
23							23
24							24
25							25
26							26
27							27
28							28
29							29
30							30
31							31
32							32

NAME ______________________ FORM 2

JOURNAL

PAGE

	DATE		DESCRIPTION	POST. REF.	DEBIT	CREDIT	
1							1
2							2
3							3
4							4
5							5
6							6
7							7
8							8
9							9
10							10
11							11
12							12
13							13
14							14
15							15
16							16
17							17
18							18
19							19
20							20
21							21
22							22
23							23
24							24
25							25
26							26
27							27
28							28
29							29
30							30
31							31
32							32

NAME ______________________ FORM 2

JOURNAL

PAGE

	DATE	DESCRIPTION	POST. REF.	DEBIT	CREDIT	
1						1
2						2
3						3
4						4
5						5
6						6
7						7
8						8
9						9
10						10
11						11
12						12
13						13
14						14
15						15
16						16
17						17
18						18
19						19
20						20
21						21
22						22
23						23
24						24
25						25
26						26
27						27
28						28
29						29
30						30
31						31
32						32

NAME ______________________________ FORM 2

JOURNAL

PAGE

DATE		DESCRIPTION	POST. REF.	DEBIT	CREDIT

NAME ______________________________ **FORM 2**

JOURNAL

PAGE

	DATE		DESCRIPTION	POST. REF.	DEBIT	CREDIT	
1							1
2							2
3							3
4							4
5							5
6							6
7							7
8							8
9							9
10							10
11							11
12							12
13							13
14							14
15							15
16							16
17							17
18							18
19							19
20							20
21							21
22							22
23							23
24							24
25							25
26							26
27							27
28							28
29							29
30							30
31							31
32							32

NAME ______________________ FORM 2

JOURNAL

PAGE

	DATE		DESCRIPTION	POST. REF.	DEBIT	CREDIT	
1							1
2							2
3							3
4							4
5							5
6							6
7							7
8							8
9							9
10							10
11							11
12							12
13							13
14							14
15							15
16							16
17							17
18							18
19							19
20							20
21							21
22							22
23							23
24							24
25							25
26							26
27							27
28							28
29							29
30							30
31							31
32							32

NAME ______________________________ FORM 2

JOURNAL

PAGE

	DATE		DESCRIPTION	POST. REF.	DEBIT	CREDIT	
1							1
2							2
3							3
4							4
5							5
6							6
7							7
8							8
9							9
10							10
11							11
12							12
13							13
14							14
15							15
16							16
17							17
18							18
19							19
20							20
21							21
22							22
23							23
24							24
25							25
26							26
27							27
28							28
29							29
30							30
31							31
32							32

NAME ______________________ FORM 2

JOURNAL

PAGE

	DATE		DESCRIPTION	POST. REF.	DEBIT	CREDIT	
1							1
2							2
3							3
4							4
5							5
6							6
7							7
8							8
9							9
10							10
11							11
12							12
13							13
14							14
15							15
16							16
17							17
18							18
19							19
20							20
21							21
22							22
23							23
24							24
25							25
26							26
27							27
28							28
29							29
30							30
31							31
32							32

NAME ______________________________ FORM 2

JOURNAL

PAGE

	DATE	DESCRIPTION	POST. REF.	DEBIT	CREDIT	
1						1
2						2
3						3
4						4
5						5
6						6
7						7
8						8
9						9
10						10
11						11
12						12
13						13
14						14
15						15
16						16
17						17
18						18
19						19
20						20
21						21
22						22
23						23
24						24
25						25
26						26
27						27
28						28
29						29
30						30
31						31
32						32

NAME ______________________________ FORM 2

JOURNAL

PAGE

	DATE		DESCRIPTION	POST. REF.	DEBIT	CREDIT	
1							1
2							2
3							3
4							4
5							5
6							6
7							7
8							8
9							9
10							10
11							11
12							12
13							13
14							14
15							15
16							16
17							17
18							18
19							19
20							20
21							21
22							22
23							23
24							24
25							25
26							26
27							27
28							28
29							29
30							30
31							31
32							32

NAME ______________________ FORM 2

JOURNAL

PAGE

	DATE	DESCRIPTION	POST. REF.	DEBIT	CREDIT	
1						1
2						2
3						3
4						4
5						5
6						6
7						7
8						8
9						9
10						10
11						11
12						12
13						13
14						14
15						15
16						16
17						17
18						18
19						19
20						20
21						21
22						22
23						23
24						24
25						25
26						26
27						27
28						28
29						29
30						30
31						31
32						32

NAME ______________________________ FORM 2

JOURNAL

PAGE

	DATE		DESCRIPTION	POST. REF.	DEBIT	CREDIT	
1							1
2							2
3							3
4							4
5							5
6							6
7							7
8							8
9							9
10							10
11							11
12							12
13							13
14							14
15							15
16							16
17							17
18							18
19							19
20							20
21							21
22							22
23							23
24							24
25							25
26							26
27							27
28							28
29							29
30							30
31							31
32							32

NAME ______________________________ FORM 2

JOURNAL

PAGE

	DATE		DESCRIPTION	POST. REF.	DEBIT	CREDIT	
1							1
2							2
3							3
4							4
5							5
6							6
7							7
8							8
9							9
10							10
11							11
12							12
13							13
14							14
15							15
16							16
17							17
18							18
19							19
20							20
21							21
22							22
23							23
24							24
25							25
26							26
27							27
28							28
29							29
30							30
31							31
32							32

NAME ________________________ FORM 2

JOURNAL

PAGE

	DATE		DESCRIPTION	POST. REF.	DEBIT	CREDIT	
1							1
2							2
3							3
4							4
5							5
6							6
7							7
8							8
9							9
10							10
11							11
12							12
13							13
14							14
15							15
16							16
17							17
18							18
19							19
20							20
21							21
22							22
23							23
24							24
25							25
26							26
27							27
28							28
29							29
30							30
31							31
32							32

NAME ______________________________ **FORM 2**

JOURNAL

PAGE

	DATE	DESCRIPTION	POST. REF.	DEBIT	CREDIT	
1						1
2						2
3						3
4						4
5						5
6						6
7						7
8						8
9						9
10						10
11						11
12						12
13						13
14						14
15						15
16						16
17						17
18						18
19						19
20						20
21						21
22						22
23						23
24						24
25						25
26						26
27						27
28						28
29						29
30						30
31						31
32						32

NAME ______________________ FORM 2

JOURNAL

PAGE

	DATE		DESCRIPTION	POST. REF.	DEBIT	CREDIT	
1							1
2							2
3							3
4							4
5							5
6							6
7							7
8							8
9							9
10							10
11							11
12							12
13							13
14							14
15							15
16							16
17							17
18							18
19							19
20							20
21							21
22							22
23							23
24							24
25							25
26							26
27							27
28							28
29							29
30							30
31							31
32							32

NAME ______________________________ FORM 2

JOURNAL

PAGE ________

	DATE	DESCRIPTION	POST. REF.	DEBIT	CREDIT	
1						1
2						2
3						3
4						4
5						5
6						6
7						7
8						8
9						9
10						10
11						11
12						12
13						13
14						14
15						15
16						16
17						17
18						18
19						19
20						20
21						21
22						22
23						23
24						24
25						25
26						26
27						27
28						28
29						29
30						30
31						31
32						32

NAME ______________________ FORM 2

JOURNAL

PAGE

	DATE		DESCRIPTION	POST. REF.	DEBIT	CREDIT	
1							1
2							2
3							3
4							4
5							5
6							6
7							7
8							8
9							9
10							10
11							11
12							12
13							13
14							14
15							15
16							16
17							17
18							18
19							19
20							20
21							21
22							22
23							23
24							24
25							25
26							26
27							27
28							28
29							29
30							30
31							31
32							32

NAME ______________________________ FORM 2

JOURNAL

PAGE

	DATE		DESCRIPTION	POST. REF.	DEBIT	CREDIT	
1							1
2							2
3							3
4							4
5							5
6							6
7							7
8							8
9							9
10							10
11							11
12							12
13							13
14							14
15							15
16							16
17							17
18							18
19							19
20							20
21							21
22							22
23							23
24							24
25							25
26							26
27							27
28							28
29							29
30							30
31							31
32							32

NAME ______________________________ FORM 2

JOURNAL

PAGE

	DATE		DESCRIPTION	POST. REF.	DEBIT	CREDIT	
1							1
2							2
3							3
4							4
5							5
6							6
7							7
8							8
9							9
10							10
11							11
12							12
13							13
14							14
15							15
16							16
17							17
18							18
19							19
20							20
21							21
22							22
23							23
24							24
25							25
26							26
27							27
28							28
29							29
30							30
31							31
32							32

NAME ______________________________ FORM 2

JOURNAL

PAGE

	DATE		DESCRIPTION	POST. REF.	DEBIT	CREDIT	
1							1
2							2
3							3
4							4
5							5
6							6
7							7
8							8
9							9
10							10
11							11
12							12
13							13
14							14
15							15
16							16
17							17
18							18
19							19
20							20
21							21
22							22
23							23
24							24
25							25
26							26
27							27
28							28
29							29
30							30
31							31
32							32

NAME ______________________ FORM 2

JOURNAL

PAGE

DATE		DESCRIPTION	POST. REF.	DEBIT	CREDIT

NAME ______________________________ FORM 2

JOURNAL

PAGE

DATE		DESCRIPTION	POST. REF.	DEBIT	CREDIT

NAME ______________________ FORM 2

JOURNAL

PAGE

	DATE		DESCRIPTION	POST. REF.	DEBIT	CREDIT	
1							1
2							2
3							3
4							4
5							5
6							6
7							7
8							8
9							9
10							10
11							11
12							12
13							13
14							14
15							15
16							16
17							17
18							18
19							19
20							20
21							21
22							22
23							23
24							24
25							25
26							26
27							27
28							28
29							29
30							30
31							31
32							32

NAME ______________________________ FORM 2

JOURNAL

PAGE

	DATE		DESCRIPTION	POST. REF.	DEBIT	CREDIT	
1							1
2							2
3							3
4							4
5							5
6							6
7							7
8							8
9							9
10							10
11							11
12							12
13							13
14							14
15							15
16							16
17							17
18							18
19							19
20							20
21							21
22							22
23							23
24							24
25							25
26							26
27							27
28							28
29							29
30							30
31							31
32							32

NAME ______________________ **FORM 2**

JOURNAL

PAGE

	DATE		DESCRIPTION	POST. REF.	DEBIT	CREDIT	
1							1
2							2
3							3
4							4
5							5
6							6
7							7
8							8
9							9
10							10
11							11
12							12
13							13
14							14
15							15
16							16
17							17
18							18
19							19
20							20
21							21
22							22
23							23
24							24
25							25
26							26
27							27
28							28
29							29
30							30
31							31
32							32

NAME ______________________________ FORM 2

JOURNAL

PAGE

DATE		DESCRIPTION	POST. REF.	DEBIT	CREDIT

NAME ______________________ FORM 2

JOURNAL

PAGE

DATE		DESCRIPTION	POST. REF.	DEBIT	CREDIT

NAME ______________________________ FORM 2

JOURNAL

PAGE ______

	DATE		DESCRIPTION	POST. REF.	DEBIT	CREDIT	
1							1
2							2
3							3
4							4
5							5
6							6
7							7
8							8
9							9
10							10
11							11
12							12
13							13
14							14
15							15
16							16
17							17
18							18
19							19
20							20
21							21
22							22
23							23
24							24
25							25
26							26
27							27
28							28
29							29
30							30
31							31
32							32

NAME ______________________ FORM 2

JOURNAL

PAGE

	DATE	DESCRIPTION	POST. REF.	DEBIT	CREDIT	
1						1
2						2
3						3
4						4
5						5
6						6
7						7
8						8
9						9
10						10
11						11
12						12
13						13
14						14
15						15
16						16
17						17
18						18
19						19
20						20
21						21
22						22
23						23
24						24
25						25
26						26
27						27
28						28
29						29
30						30
31						31
32						32

NAME ______________________________ FORM 2

JOURNAL

PAGE ________

	DATE	DESCRIPTION	POST. REF.	DEBIT	CREDIT	
1						1
2						2
3						3
4						4
5						5
6						6
7						7
8						8
9						9
10						10
11						11
12						12
13						13
14						14
15						15
16						16
17						17
18						18
19						19
20						20
21						21
22						22
23						23
24						24
25						25
26						26
27						27
28						28
29						29
30						30
31						31
32						32

NAME ______________________________ FORM 2

JOURNAL

PAGE

	DATE		DESCRIPTION	POST. REF.	DEBIT	CREDIT	
1							1
2							2
3							3
4							4
5							5
6							6
7							7
8							8
9							9
10							10
11							11
12							12
13							13
14							14
15							15
16							16
17							17
18							18
19							19
20							20
21							21
22							22
23							23
24							24
25							25
26							26
27							27
28							28
29							29
30							30
31							31
32							32

NAME ______________________ FORM 2

JOURNAL

PAGE

	DATE		DESCRIPTION	POST. REF.	DEBIT	CREDIT	
1							1
2							2
3							3
4							4
5							5
6							6
7							7
8							8
9							9
10							10
11							11
12							12
13							13
14							14
15							15
16							16
17							17
18							18
19							19
20							20
21							21
22							22
23							23
24							24
25							25
26							26
27							27
28							28
29							29
30							30
31							31
32							32

NAME ______________________________ FORM 2

JOURNAL

PAGE

	DATE		DESCRIPTION	POST. REF.	DEBIT	CREDIT	
1							1
2							2
3							3
4							4
5							5
6							6
7							7
8							8
9							9
10							10
11							11
12							12
13							13
14							14
15							15
16							16
17							17
18							18
19							19
20							20
21							21
22							22
23							23
24							24
25							25
26							26
27							27
28							28
29							29
30							30
31							31
32							32

NAME ______________________ FORM 2

JOURNAL

PAGE

	DATE		DESCRIPTION	POST. REF.	DEBIT	CREDIT	
1							1
2							2
3							3
4							4
5							5
6							6
7							7
8							8
9							9
10							10
11							11
12							12
13							13
14							14
15							15
16							16
17							17
18							18
19							19
20							20
21							21
22							22
23							23
24							24
25							25
26							26
27							27
28							28
29							29
30							30
31							31
32							32

NAME ______________________________ FORM 2

JOURNAL

PAGE

DATE	DESCRIPTION	POST. REF.	DEBIT	CREDIT

NAME ______________________________ FORM 2

JOURNAL

PAGE

	DATE		DESCRIPTION	POST. REF.	DEBIT	CREDIT	
1							1
2							2
3							3
4							4
5							5
6							6
7							7
8							8
9							9
10							10
11							11
12							12
13							13
14							14
15							15
16							16
17							17
18							18
19							19
20							20
21							21
22							22
23							23
24							24
25							25
26							26
27							27
28							28
29							29
30							30
31							31
32							32

NAME ______________________________ FORM 2

JOURNAL

PAGE ______

	DATE	DESCRIPTION	POST. REF.	DEBIT	CREDIT	
1						1
2						2
3						3
4						4
5						5
6						6
7						7
8						8
9						9
10						10
11						11
12						12
13						13
14						14
15						15
16						16
17						17
18						18
19						19
20						20
21						21
22						22
23						23
24						24
25						25
26						26
27						27
28						28
29						29
30						30
31						31
32						32

NAME ______________________________ FORM 2

JOURNAL

PAGE

	DATE	DESCRIPTION	POST. REF.	DEBIT	CREDIT	
1						1
2						2
3						3
4						4
5						5
6						6
7						7
8						8
9						9
10						10
11						11
12						12
13						13
14						14
15						15
16						16
17						17
18						18
19						19
20						20
21						21
22						22
23						23
24						24
25						25
26						26
27						27
28						28
29						29
30						30
31						31
32						32

NAME ______________________________ FORM 2

JOURNAL

PAGE ______

	DATE		DESCRIPTION	POST. REF.	DEBIT	CREDIT	
1							1
2							2
3							3
4							4
5							5
6							6
7							7
8							8
9							9
10							10
11							11
12							12
13							13
14							14
15							15
16							16
17							17
18							18
19							19
20							20
21							21
22							22
23							23
24							24
25							25
26							26
27							27
28							28
29							29
30							30
31							31
32							32

NAME ______________________________ **FORM 2**

JOURNAL

PAGE

	DATE		DESCRIPTION	POST. REF.	DEBIT	CREDIT	
1							1
2							2
3							3
4							4
5							5
6							6
7							7
8							8
9							9
10							10
11							11
12							12
13							13
14							14
15							15
16							16
17							17
18							18
19							19
20							20
21							21
22							22
23							23
24							24
25							25
26							26
27							27
28							28
29							29
30							30
31							31
32							32

NAME ______________________ FORM 2

JOURNAL

PAGE

	DATE	DESCRIPTION	POST. REF.	DEBIT	CREDIT	
1						1
2						2
3						3
4						4
5						5
6						6
7						7
8						8
9						9
10						10
11						11
12						12
13						13
14						14
15						15
16						16
17						17
18						18
19						19
20						20
21						21
22						22
23						23
24						24
25						25
26						26
27						27
28						28
29						29
30						30
31						31
32						32

NAME ______________________________ FORM 2

JOURNAL

PAGE

	DATE		DESCRIPTION	POST. REF.	DEBIT	CREDIT	
1							1
2							2
3							3
4							4
5							5
6							6
7							7
8							8
9							9
10							10
11							11
12							12
13							13
14							14
15							15
16							16
17							17
18							18
19							19
20							20
21							21
22							22
23							23
24							24
25							25
26							26
27							27
28							28
29							29
30							30
31							31
32							32

NAME ______________________________ FORM 2

JOURNAL

PAGE ______

	DATE		DESCRIPTION	POST. REF.	DEBIT	CREDIT	
1							1
2							2
3							3
4							4
5							5
6							6
7							7
8							8
9							9
10							10
11							11
12							12
13							13
14							14
15							15
16							16
17							17
18							18
19							19
20							20
21							21
22							22
23							23
24							24
25							25
26							26
27							27
28							28
29							29
30							30
31							31
32							32

NAME ______________________________ FORM 2

JOURNAL

PAGE

	DATE		DESCRIPTION	POST. REF.	DEBIT	CREDIT	
1							1
2							2
3							3
4							4
5							5
6							6
7							7
8							8
9							9
10							10
11							11
12							12
13							13
14							14
15							15
16							16
17							17
18							18
19							19
20							20
21							21
22							22
23							23
24							24
25							25
26							26
27							27
28							28
29							29
30							30
31							31
32							32

NAME ______________________________ **FORM 2**

JOURNAL

PAGE ______

	DATE		DESCRIPTION	POST. REF.	DEBIT	CREDIT	
1							1
2							2
3							3
4							4
5							5
6							6
7							7
8							8
9							9
10							10
11							11
12							12
13							13
14							14
15							15
16							16
17							17
18							18
19							19
20							20
21							21
22							22
23							23
24							24
25							25
26							26
27							27
28							28
29							29
30							30
31							31
32							32

NAME ____________________ FORM 2

JOURNAL

PAGE

	DATE		DESCRIPTION	POST. REF.	DEBIT	CREDIT	
1							1
2							2
3							3
4							4
5							5
6							6
7							7
8							8
9							9
10							10
11							11
12							12
13							13
14							14
15							15
16							16
17							17
18							18
19							19
20							20
21							21
22							22
23							23
24							24
25							25
26							26
27							27
28							28
29							29
30							30
31							31
32							32

NAME ______________________________ FORM 2

JOURNAL

PAGE ______

	DATE		DESCRIPTION	POST. REF.	DEBIT	CREDIT	
1							1
2							2
3							3
4							4
5							5
6							6
7							7
8							8
9							9
10							10
11							11
12							12
13							13
14							14
15							15
16							16
17							17
18							18
19							19
20							20
21							21
22							22
23							23
24							24
25							25
26							26
27							27
28							28
29							29
30							30
31							31
32							32

NAME ______________________ FORM 2

JOURNAL

PAGE

	DATE		DESCRIPTION	POST. REF.	DEBIT	CREDIT	
1							1
2							2
3							3
4							4
5							5
6							6
7							7
8							8
9							9
10							10
11							11
12							12
13							13
14							14
15							15
16							16
17							17
18							18
19							19
20							20
21							21
22							22
23							23
24							24
25							25
26							26
27							27
28							28
29							29
30							30
31							31
32							32

NAME ______________________ **FORM 2**

JOURNAL

PAGE

	DATE		DESCRIPTION	POST. REF.	DEBIT	CREDIT	
1							1
2							2
3							3
4							4
5							5
6							6
7							7
8							8
9							9
10							10
11							11
12							12
13							13
14							14
15							15
16							16
17							17
18							18
19							19
20							20
21							21
22							22
23							23
24							24
25							25
26							26
27							27
28							28
29							29
30							30
31							31
32							32

NAME ______________________________ FORM 2

JOURNAL

PAGE ______

	DATE		DESCRIPTION	POST. REF.	DEBIT	CREDIT	
1							1
2							2
3							3
4							4
5							5
6							6
7							7
8							8
9							9
10							10
11							11
12							12
13							13
14							14
15							15
16							16
17							17
18							18
19							19
20							20
21							21
22							22
23							23
24							24
25							25
26							26
27							27
28							28
29							29
30							30
31							31
32							32

NAME ______________________ FORM 2

JOURNAL

PAGE

	DATE	DESCRIPTION	POST. REF.	DEBIT	CREDIT	
1						1
2						2
3						3
4						4
5						5
6						6
7						7
8						8
9						9
10						10
11						11
12						12
13						13
14						14
15						15
16						16
17						17
18						18
19						19
20						20
21						21
22						22
23						23
24						24
25						25
26						26
27						27
28						28
29						29
30						30
31						31
32						32

NAME ______________________________ FORM 2

JOURNAL

PAGE ________

	DATE	DESCRIPTION	POST. REF.	DEBIT	CREDIT	
1						1
2						2
3						3
4						4
5						5
6						6
7						7
8						8
9						9
10						10
11						11
12						12
13						13
14						14
15						15
16						16
17						17
18						18
19						19
20						20
21						21
22						22
23						23
24						24
25						25
26						26
27						27
28						28
29						29
30						30
31						31
32						32

NAME ______________________________ FORM 2

JOURNAL

PAGE

	DATE		DESCRIPTION	POST. REF.	DEBIT	CREDIT	
1							1
2							2
3							3
4							4
5							5
6							6
7							7
8							8
9							9
10							10
11							11
12							12
13							13
14							14
15							15
16							16
17							17
18							18
19							19
20							20
21							21
22							22
23							23
24							24
25							25
26							26
27							27
28							28
29							29
30							30
31							31
32							32

NAME ______________________________ FORM 2

JOURNAL

PAGE

	DATE	DESCRIPTION	POST. REF.	DEBIT	CREDIT	
1						1
2						2
3						3
4						4
5						5
6						6
7						7
8						8
9						9
10						10
11						11
12						12
13						13
14						14
15						15
16						16
17						17
18						18
19						19
20						20
21						21
22						22
23						23
24						24
25						25
26						26
27						27
28						28
29						29
30						30
31						31
32						32

NAME ______________________ FORM 2

JOURNAL

PAGE

	DATE		DESCRIPTION	POST. REF.	DEBIT	CREDIT	
1							1
2							2
3							3
4							4
5							5
6							6
7							7
8							8
9							9
10							10
11							11
12							12
13							13
14							14
15							15
16							16
17							17
18							18
19							19
20							20
21							21
22							22
23							23
24							24
25							25
26							26
27							27
28							28
29							29
30							30
31							31
32							32

NAME ______________________________ FORM 2

JOURNAL

PAGE

	DATE		DESCRIPTION	POST. REF.	DEBIT	CREDIT	
1							1
2							2
3							3
4							4
5							5
6							6
7							7
8							8
9							9
10							10
11							11
12							12
13							13
14							14
15							15
16							16
17							17
18							18
19							19
20							20
21							21
22							22
23							23
24							24
25							25
26							26
27							27
28							28
29							29
30							30
31							31
32							32

NAME ______________________ **FORM 2**

JOURNAL

PAGE

	DATE		DESCRIPTION	POST. REF.	DEBIT	CREDIT	
1							1
2							2
3							3
4							4
5							5
6							6
7							7
8							8
9							9
10							10
11							11
12							12
13							13
14							14
15							15
16							16
17							17
18							18
19							19
20							20
21							21
22							22
23							23
24							24
25							25
26							26
27							27
28							28
29							29
30							30
31							31
32							32

NAME ______________________________ FORM 2

JOURNAL

PAGE

	DATE	DESCRIPTION	POST. REF.	DEBIT	CREDIT	
1						1
2						2
3						3
4						4
5						5
6						6
7						7
8						8
9						9
10						10
11						11
12						12
13						13
14						14
15						15
16						16
17						17
18						18
19						19
20						20
21						21
22						22
23						23
24						24
25						25
26						26
27						27
28						28
29						29
30						30
31						31
32						32

NAME ____________________ **FORM 2**

JOURNAL

PAGE

	DATE		DESCRIPTION	POST. REF.	DEBIT	CREDIT	
1							1
2							2
3							3
4							4
5							5
6							6
7							7
8							8
9							9
10							10
11							11
12							12
13							13
14							14
15							15
16							16
17							17
18							18
19							19
20							20
21							21
22							22
23							23
24							24
25							25
26							26
27							27
28							28
29							29
30							30
31							31
32							32

NAME ______________________________ FORM 3

NAME ______________________________ FORM 3

NAME ______________________________ FORM 3

NAME ______________________________ FORM 3

NAME ______________________________ FORM 3

NAME ______________________________ FORM 3

NAME ______________________________ FORM 3

NAME ______________________________ FORM 3

NAME ______________________________ FORM 3

NAME ______________________________ FORM 3

NAME ______________________________ FORM 3

NAME ______________________________ FORM 3

NAME ______________________________ FORM 3

NAME ______________________________ FORM 3

NAME ______________________________ FORM 3

NAME ______________________ FORM 3

NAME ____________________ FORM 3

NAME ________________________________ FORM 3

NAME ______________________________ FORM 3

NAME ______________________ FORM 3

NAME ______________________________ FORM 3

NAME ______________________ FORM 3

NAME ______________________________ FORM 3

NAME ______________________________ FORM 3

NAME ______________________________ FORM 3

NAME ______________________________ FORM 3

NAME ______________________________ FORM 3

NAME ______________________ FORM 3

NAME ______________________________ FORM 3

NAME ______________________ FORM 3

NAME ______________________________ FORM 3

NAME ______________________ FORM 3

NAME ______________________________ FORM 3

NAME ____________________ FORM 3

NAME ______________________________ FORM 3

NAME ____________________ FORM 3

NAME ______________________________ FORM 4

NAME ______________________________ FORM 4

NAME ______________________________ FORM 4

NAME ______________________________ FORM 4

NAME ______________________________ FORM 4

NAME ______________________________ FORM 4

NAME ____________________ FORM 4

NAME ______________________________ FORM 4

NAME ______________________________ **FORM 5**

ACCOUNT ______________________________ ACCOUNT NO. ________

DATE		ITEM	POST. REF.	DEBIT	CREDIT	BALANCE	
						DEBIT	CREDIT

ACCOUNT ______________________________ ACCOUNT NO. ________

DATE		ITEM	POST. REF.	DEBIT	CREDIT	BALANCE	
						DEBIT	CREDIT

ACCOUNT ______________________________ ACCOUNT NO. ________

DATE		ITEM	POST. REF.	DEBIT	CREDIT	BALANCE	
						DEBIT	CREDIT

NAME ____________________ FORM 5

ACCOUNT ACCOUNT NO.

DATE		ITEM	POST. REF.	DEBIT	CREDIT	BALANCE	
						DEBIT	CREDIT

ACCOUNT ACCOUNT NO.

DATE		ITEM	POST. REF.	DEBIT	CREDIT	BALANCE	
						DEBIT	CREDIT

ACCOUNT ACCOUNT NO.

DATE		ITEM	POST. REF.	DEBIT	CREDIT	BALANCE	
						DEBIT	CREDIT

ACCOUNT ACCOUNT NO.

DATE		ITEM	POST. REF.	DEBIT	CREDIT	BALANCE	
						DEBIT	CREDIT

NAME ______________________________ FORM 5

ACCOUNT ACCOUNT NO.

DATE	ITEM	POST. REF.	DEBIT	CREDIT	BALANCE	
					DEBIT	CREDIT

ACCOUNT ACCOUNT NO.

DATE	ITEM	POST. REF.	DEBIT	CREDIT	BALANCE	
					DEBIT	CREDIT

ACCOUNT ACCOUNT NO.

DATE	ITEM	POST. REF.	DEBIT	CREDIT	BALANCE	
					DEBIT	CREDIT

NAME ______________________ FORM 5

ACCOUNT ACCOUNT NO.

DATE		ITEM	POST. REF.	DEBIT	CREDIT	BALANCE	
						DEBIT	CREDIT

ACCOUNT ACCOUNT NO.

DATE		ITEM	POST. REF.	DEBIT	CREDIT	BALANCE	
						DEBIT	CREDIT

ACCOUNT ACCOUNT NO.

DATE		ITEM	POST. REF.	DEBIT	CREDIT	BALANCE	
						DEBIT	CREDIT

NAME ______________________ **FORM 5**

ACCOUNT ACCOUNT NO.

DATE		ITEM	POST. REF.	DEBIT	CREDIT	BALANCE	
						DEBIT	CREDIT

ACCOUNT ACCOUNT NO.

DATE		ITEM	POST. REF.	DEBIT	CREDIT	BALANCE	
						DEBIT	CREDIT

ACCOUNT ACCOUNT NO.

DATE		ITEM	POST. REF.	DEBIT	CREDIT	BALANCE	
						DEBIT	CREDIT

NAME ______________________ FORM 5

ACCOUNT ACCOUNT NO.

DATE	ITEM	POST. REF.	DEBIT	CREDIT	BALANCE	
					DEBIT	CREDIT

ACCOUNT ACCOUNT NO.

DATE	ITEM	POST. REF.	DEBIT	CREDIT	BALANCE	
					DEBIT	CREDIT

ACCOUNT ACCOUNT NO.

DATE	ITEM	POST. REF.	DEBIT	CREDIT	BALANCE	
					DEBIT	CREDIT

NAME ______________________ FORM 5

ACCOUNT ACCOUNT NO.

DATE		ITEM	POST. REF.	DEBIT	CREDIT	BALANCE	
						DEBIT	CREDIT

ACCOUNT ACCOUNT NO.

DATE		ITEM	POST. REF.	DEBIT	CREDIT	BALANCE	
						DEBIT	CREDIT

ACCOUNT ACCOUNT NO.

DATE		ITEM	POST. REF.	DEBIT	CREDIT	BALANCE	
						DEBIT	CREDIT

NAME ______________________________ **FORM 5**

ACCOUNT ACCOUNT NO.

DATE		ITEM	POST. REF.	DEBIT	CREDIT	BALANCE	
						DEBIT	CREDIT

ACCOUNT ACCOUNT NO.

DATE		ITEM	POST. REF.	DEBIT	CREDIT	BALANCE	
						DEBIT	CREDIT

ACCOUNT ACCOUNT NO.

DATE		ITEM	POST. REF.	DEBIT	CREDIT	BALANCE	
						DEBIT	CREDIT

NAME ______________________ FORM 5

ACCOUNT ACCOUNT NO.

DATE	ITEM	POST. REF.	DEBIT	CREDIT	BALANCE	
					DEBIT	CREDIT

ACCOUNT ACCOUNT NO.

DATE	ITEM	POST. REF.	DEBIT	CREDIT	BALANCE	
					DEBIT	CREDIT

ACCOUNT ACCOUNT NO.

DATE	ITEM	POST. REF.	DEBIT	CREDIT	BALANCE	
					DEBIT	CREDIT

NAME ______________________________ FORM 5

ACCOUNT ACCOUNT NO.

DATE		ITEM	POST. REF.	DEBIT	CREDIT	BALANCE DEBIT	BALANCE CREDIT

ACCOUNT ACCOUNT NO.

DATE		ITEM	POST. REF.	DEBIT	CREDIT	BALANCE DEBIT	BALANCE CREDIT

ACCOUNT ACCOUNT NO.

DATE		ITEM	POST. REF.	DEBIT	CREDIT	BALANCE DEBIT	BALANCE CREDIT

NAME ______________________ FORM 5

ACCOUNT ACCOUNT NO.

DATE		ITEM	POST. REF.	DEBIT	CREDIT	BALANCE DEBIT	BALANCE CREDIT

ACCOUNT ACCOUNT NO.

DATE		ITEM	POST. REF.	DEBIT	CREDIT	BALANCE DEBIT	BALANCE CREDIT

ACCOUNT ACCOUNT NO.

DATE		ITEM	POST. REF.	DEBIT	CREDIT	BALANCE DEBIT	BALANCE CREDIT

NAME ____________________ FORM 5

ACCOUNT ACCOUNT NO.

DATE	ITEM	POST. REF.	DEBIT	CREDIT	BALANCE	
					DEBIT	CREDIT

ACCOUNT ACCOUNT NO.

DATE	ITEM	POST. REF.	DEBIT	CREDIT	BALANCE	
					DEBIT	CREDIT

ACCOUNT ACCOUNT NO.

DATE	ITEM	POST. REF.	DEBIT	CREDIT	BALANCE	
					DEBIT	CREDIT

NAME ______________________ FORM 5

ACCOUNT ACCOUNT NO.

DATE		ITEM	POST. REF.	DEBIT	CREDIT	BALANCE	
						DEBIT	CREDIT

ACCOUNT ACCOUNT NO.

DATE		ITEM	POST. REF.	DEBIT	CREDIT	BALANCE	
						DEBIT	CREDIT

ACCOUNT ACCOUNT NO.

DATE		ITEM	POST. REF.	DEBIT	CREDIT	BALANCE	
						DEBIT	CREDIT

NAME ______________________ **FORM 5**

ACCOUNT ACCOUNT NO.

DATE		ITEM	POST. REF.	DEBIT	CREDIT	BALANCE DEBIT	BALANCE CREDIT

ACCOUNT ACCOUNT NO.

DATE		ITEM	POST. REF.	DEBIT	CREDIT	BALANCE DEBIT	BALANCE CREDIT

ACCOUNT ACCOUNT NO.

DATE		ITEM	POST. REF.	DEBIT	CREDIT	BALANCE DEBIT	BALANCE CREDIT

NAME ______________________________ FORM 5

ACCOUNT ACCOUNT NO.

DATE		ITEM	POST. REF.	DEBIT	CREDIT	BALANCE	
						DEBIT	CREDIT

ACCOUNT ACCOUNT NO.

DATE		ITEM	POST. REF.	DEBIT	CREDIT	BALANCE	
						DEBIT	CREDIT

ACCOUNT ACCOUNT NO.

DATE		ITEM	POST. REF.	DEBIT	CREDIT	BALANCE	
						DEBIT	CREDIT

NAME ______________________ **FORM 5**

ACCOUNT ______________________ ACCOUNT NO. ______

DATE	ITEM	POST. REF.	DEBIT	CREDIT	BALANCE	
					DEBIT	CREDIT

ACCOUNT ______________________ ACCOUNT NO. ______

DATE	ITEM	POST. REF.	DEBIT	CREDIT	BALANCE	
					DEBIT	CREDIT

ACCOUNT ______________________ ACCOUNT NO. ______

DATE	ITEM	POST. REF.	DEBIT	CREDIT	BALANCE	
					DEBIT	CREDIT

NAME ______________________________ **FORM 5**

ACCOUNT ACCOUNT NO.

DATE	ITEM	POST. REF.	DEBIT	CREDIT	BALANCE	
					DEBIT	CREDIT

ACCOUNT ACCOUNT NO.

DATE	ITEM	POST. REF.	DEBIT	CREDIT	BALANCE	
					DEBIT	CREDIT

ACCOUNT ACCOUNT NO.

DATE	ITEM	POST. REF.	DEBIT	CREDIT	BALANCE	
					DEBIT	CREDIT

NAME ____________________ FORM 5

ACCOUNT ACCOUNT NO.

DATE		ITEM	POST. REF.	DEBIT	CREDIT	BALANCE DEBIT	BALANCE CREDIT

ACCOUNT ACCOUNT NO.

DATE		ITEM	POST. REF.	DEBIT	CREDIT	BALANCE DEBIT	BALANCE CREDIT

ACCOUNT ACCOUNT NO.

DATE		ITEM	POST. REF.	DEBIT	CREDIT	BALANCE DEBIT	BALANCE CREDIT

NAME ______________________ FORM 5

ACCOUNT ACCOUNT NO.

DATE		ITEM	POST. REF.	DEBIT	CREDIT	BALANCE	
						DEBIT	CREDIT

ACCOUNT ACCOUNT NO.

DATE		ITEM	POST. REF.	DEBIT	CREDIT	BALANCE	
						DEBIT	CREDIT

ACCOUNT ACCOUNT NO.

DATE		ITEM	POST. REF.	DEBIT	CREDIT	BALANCE	
						DEBIT	CREDIT

NAME ______________________ FORM 5

ACCOUNT ______________________ ACCOUNT NO. ______

DATE		ITEM	POST. REF.	DEBIT	CREDIT	BALANCE	
						DEBIT	CREDIT

ACCOUNT ______________________ ACCOUNT NO. ______

DATE		ITEM	POST. REF.	DEBIT	CREDIT	BALANCE	
						DEBIT	CREDIT

ACCOUNT ______________________ ACCOUNT NO. ______

DATE		ITEM	POST. REF.	DEBIT	CREDIT	BALANCE	
						DEBIT	CREDIT

NAME ______________________________ **FORM 5**

ACCOUNT ACCOUNT NO.

DATE	ITEM	POST. REF.	DEBIT	CREDIT	BALANCE	
					DEBIT	CREDIT

ACCOUNT ACCOUNT NO.

DATE	ITEM	POST. REF.	DEBIT	CREDIT	BALANCE	
					DEBIT	CREDIT

ACCOUNT ACCOUNT NO.

DATE	ITEM	POST. REF.	DEBIT	CREDIT	BALANCE	
					DEBIT	CREDIT

NAME ______________________________ **FORM 5**

ACCOUNT ACCOUNT NO.

DATE	ITEM	POST. REF.	DEBIT	CREDIT	BALANCE	
					DEBIT	CREDIT

ACCOUNT ACCOUNT NO.

DATE	ITEM	POST. REF.	DEBIT	CREDIT	BALANCE	
					DEBIT	CREDIT

ACCOUNT ACCOUNT NO.

DATE	ITEM	POST. REF.	DEBIT	CREDIT	BALANCE	
					DEBIT	CREDIT

NAME ______________________ FORM 5

ACCOUNT ACCOUNT NO.

DATE		ITEM	POST. REF.	DEBIT	CREDIT	BALANCE	
						DEBIT	CREDIT

ACCOUNT ACCOUNT NO.

DATE		ITEM	POST. REF.	DEBIT	CREDIT	BALANCE	
						DEBIT	CREDIT

ACCOUNT ACCOUNT NO.

DATE		ITEM	POST. REF.	DEBIT	CREDIT	BALANCE	
						DEBIT	CREDIT

NAME ______________________ **FORM 5**

ACCOUNT ______________________ ACCOUNT NO. ______

DATE	ITEM	POST. REF.	DEBIT	CREDIT	BALANCE	
					DEBIT	CREDIT

ACCOUNT ______________________ ACCOUNT NO. ______

DATE	ITEM	POST. REF.	DEBIT	CREDIT	BALANCE	
					DEBIT	CREDIT

ACCOUNT ______________________ ACCOUNT NO. ______

DATE	ITEM	POST. REF.	DEBIT	CREDIT	BALANCE	
					DEBIT	CREDIT

NAME ______________________ **FORM 5**

ACCOUNT ACCOUNT NO.

DATE		ITEM	POST. REF.	DEBIT	CREDIT	BALANCE	
						DEBIT	CREDIT

ACCOUNT ACCOUNT NO.

DATE		ITEM	POST. REF.	DEBIT	CREDIT	BALANCE	
						DEBIT	CREDIT

ACCOUNT ACCOUNT NO.

DATE		ITEM	POST. REF.	DEBIT	CREDIT	BALANCE	
						DEBIT	CREDIT

NAME ______________________________ **FORM 5**

ACCOUNT ACCOUNT NO.

DATE	ITEM	POST. REF.	DEBIT	CREDIT	BALANCE	
					DEBIT	CREDIT

ACCOUNT ACCOUNT NO.

DATE	ITEM	POST. REF.	DEBIT	CREDIT	BALANCE	
					DEBIT	CREDIT

ACCOUNT ACCOUNT NO.

DATE	ITEM	POST. REF.	DEBIT	CREDIT	BALANCE	
					DEBIT	CREDIT

NAME ______________________________ FORM 5

ACCOUNT ACCOUNT NO.

DATE		ITEM	POST. REF.	DEBIT	CREDIT	BALANCE	
						DEBIT	CREDIT

ACCOUNT ACCOUNT NO.

DATE		ITEM	POST. REF.	DEBIT	CREDIT	BALANCE	
						DEBIT	CREDIT

ACCOUNT ACCOUNT NO.

DATE		ITEM	POST. REF.	DEBIT	CREDIT	BALANCE	
						DEBIT	CREDIT

NAME ______________________________ FORM 5

ACCOUNT ACCOUNT NO.

DATE		ITEM	POST. REF.	DEBIT	CREDIT	BALANCE	
						DEBIT	CREDIT

ACCOUNT ACCOUNT NO.

DATE		ITEM	POST. REF.	DEBIT	CREDIT	BALANCE	
						DEBIT	CREDIT

ACCOUNT ACCOUNT NO.

DATE		ITEM	POST. REF.	DEBIT	CREDIT	BALANCE	
						DEBIT	CREDIT

NAME ______________________ FORM 5

ACCOUNT ACCOUNT NO.

DATE		ITEM	POST. REF.	DEBIT	CREDIT	BALANCE	
						DEBIT	CREDIT

ACCOUNT ACCOUNT NO.

DATE		ITEM	POST. REF.	DEBIT	CREDIT	BALANCE	
						DEBIT	CREDIT

ACCOUNT ACCOUNT NO.

DATE		ITEM	POST. REF.	DEBIT	CREDIT	BALANCE	
						DEBIT	CREDIT

NAME ______________________ **FORM 5**

ACCOUNT ACCOUNT NO.

DATE	ITEM	POST. REF.	DEBIT	CREDIT	BALANCE	
					DEBIT	CREDIT

ACCOUNT ACCOUNT NO.

DATE	ITEM	POST. REF.	DEBIT	CREDIT	BALANCE	
					DEBIT	CREDIT

ACCOUNT ACCOUNT NO.

DATE	ITEM	POST. REF.	DEBIT	CREDIT	BALANCE	
					DEBIT	CREDIT

NAME ______________________ **FORM 5**

ACCOUNT ACCOUNT NO.

DATE		ITEM	POST. REF.	DEBIT	CREDIT	BALANCE	
						DEBIT	CREDIT

ACCOUNT ACCOUNT NO.

DATE		ITEM	POST. REF.	DEBIT	CREDIT	BALANCE	
						DEBIT	CREDIT

ACCOUNT ACCOUNT NO.

DATE		ITEM	POST. REF.	DEBIT	CREDIT	BALANCE	
						DEBIT	CREDIT

NAME ______________________ **FORM 5**

ACCOUNT ACCOUNT NO.

DATE		ITEM	POST. REF.	DEBIT	CREDIT	BALANCE	
						DEBIT	CREDIT

ACCOUNT ACCOUNT NO.

DATE		ITEM	POST. REF.	DEBIT	CREDIT	BALANCE	
						DEBIT	CREDIT

ACCOUNT ACCOUNT NO.

DATE		ITEM	POST. REF.	DEBIT	CREDIT	BALANCE	
						DEBIT	CREDIT

NAME ______________________________ **FORM 5**

ACCOUNT ______________________________ ACCOUNT NO. __________

DATE	ITEM	POST. REF.	DEBIT	CREDIT	BALANCE	
					DEBIT	CREDIT

ACCOUNT ______________________________ ACCOUNT NO. __________

DATE	ITEM	POST. REF.	DEBIT	CREDIT	BALANCE	
					DEBIT	CREDIT

ACCOUNT ______________________________ ACCOUNT NO. __________

DATE	ITEM	POST. REF.	DEBIT	CREDIT	BALANCE	
					DEBIT	CREDIT

NAME ______________________________ **FORM 5**

ACCOUNT ACCOUNT NO.

DATE	ITEM	POST. REF.	DEBIT	CREDIT	BALANCE	
					DEBIT	CREDIT

ACCOUNT ACCOUNT NO.

DATE	ITEM	POST. REF.	DEBIT	CREDIT	BALANCE	
					DEBIT	CREDIT

ACCOUNT ACCOUNT NO.

DATE	ITEM	POST. REF.	DEBIT	CREDIT	BALANCE	
					DEBIT	CREDIT

NAME ______________________________ FORM 5

ACCOUNT ACCOUNT NO.

DATE		ITEM	POST. REF.	DEBIT	CREDIT	BALANCE	
						DEBIT	CREDIT

ACCOUNT ACCOUNT NO.

DATE		ITEM	POST. REF.	DEBIT	CREDIT	BALANCE	
						DEBIT	CREDIT

ACCOUNT ACCOUNT NO.

DATE		ITEM	POST. REF.	DEBIT	CREDIT	BALANCE	
						DEBIT	CREDIT

NAME ______________________________ FORM 5

ACCOUNT ACCOUNT NO.

DATE		ITEM	POST. REF.	DEBIT	CREDIT	BALANCE	
						DEBIT	CREDIT

ACCOUNT ACCOUNT NO.

DATE		ITEM	POST. REF.	DEBIT	CREDIT	BALANCE	
						DEBIT	CREDIT

ACCOUNT ACCOUNT NO.

DATE		ITEM	POST. REF.	DEBIT	CREDIT	BALANCE	
						DEBIT	CREDIT

NAME ______________________ FORM 5

ACCOUNT ACCOUNT NO.

DATE		ITEM	POST. REF.	DEBIT	CREDIT	BALANCE	
						DEBIT	CREDIT

ACCOUNT ACCOUNT NO.

DATE		ITEM	POST. REF.	DEBIT	CREDIT	BALANCE	
						DEBIT	CREDIT

ACCOUNT ACCOUNT NO.

DATE		ITEM	POST. REF.	DEBIT	CREDIT	BALANCE	
						DEBIT	CREDIT

NAME ______________________________ FORM 5

ACCOUNT ______________________________ ACCOUNT NO. ______

DATE		ITEM	POST. REF.	DEBIT	CREDIT	BALANCE DEBIT	BALANCE CREDIT

ACCOUNT ______________________________ ACCOUNT NO. ______

DATE		ITEM	POST. REF.	DEBIT	CREDIT	BALANCE DEBIT	BALANCE CREDIT

ACCOUNT ______________________________ ACCOUNT NO. ______

DATE		ITEM	POST. REF.	DEBIT	CREDIT	BALANCE DEBIT	BALANCE CREDIT

ACCOUNT ______________________________ ACCOUNT NO. ______

DATE		ITEM	POST. REF.	DEBIT	CREDIT	BALANCE DEBIT	BALANCE CREDIT

NAME ______________________ **FORM 5**

ACCOUNT ______________________ ACCOUNT NO. ________

DATE	ITEM	POST. REF.	DEBIT	CREDIT	BALANCE	
					DEBIT	CREDIT

ACCOUNT ______________________ ACCOUNT NO. ________

DATE	ITEM	POST. REF.	DEBIT	CREDIT	BALANCE	
					DEBIT	CREDIT

ACCOUNT ______________________ ACCOUNT NO. ________

DATE	ITEM	POST. REF.	DEBIT	CREDIT	BALANCE	
					DEBIT	CREDIT

NAME ____________________ FORM 5

ACCOUNT ACCOUNT NO.

DATE		ITEM	POST. REF.	DEBIT	CREDIT	BALANCE	
						DEBIT	CREDIT

ACCOUNT ACCOUNT NO.

DATE		ITEM	POST. REF.	DEBIT	CREDIT	BALANCE	
						DEBIT	CREDIT

ACCOUNT ACCOUNT NO.

DATE		ITEM	POST. REF.	DEBIT	CREDIT	BALANCE	
						DEBIT	CREDIT

ACCOUNT ACCOUNT NO.

DATE		ITEM	POST. REF.	DEBIT	CREDIT	BALANCE	
						DEBIT	CREDIT

NAME ______________________________ **FORM 5**

ACCOUNT ACCOUNT NO.

DATE		ITEM	POST. REF.	DEBIT	CREDIT	BALANCE	
						DEBIT	CREDIT

ACCOUNT ACCOUNT NO.

DATE		ITEM	POST. REF.	DEBIT	CREDIT	BALANCE	
						DEBIT	CREDIT

ACCOUNT ACCOUNT NO.

DATE		ITEM	POST. REF.	DEBIT	CREDIT	BALANCE	
						DEBIT	CREDIT

ACCOUNT ACCOUNT NO.

DATE		ITEM	POST. REF.	DEBIT	CREDIT	BALANCE	
						DEBIT	CREDIT

NAME ______________________ FORM 5

ACCOUNT ACCOUNT NO.

DATE		ITEM	POST. REF.	DEBIT	CREDIT	BALANCE	
						DEBIT	CREDIT

ACCOUNT ACCOUNT NO.

DATE		ITEM	POST. REF.	DEBIT	CREDIT	BALANCE	
						DEBIT	CREDIT

ACCOUNT ACCOUNT NO.

DATE		ITEM	POST. REF.	DEBIT	CREDIT	BALANCE	
						DEBIT	CREDIT

NAME ______________________ FORM 5

ACCOUNT ACCOUNT NO.

DATE		ITEM	POST. REF.	DEBIT	CREDIT	BALANCE	
						DEBIT	CREDIT

ACCOUNT ACCOUNT NO.

DATE		ITEM	POST. REF.	DEBIT	CREDIT	BALANCE	
						DEBIT	CREDIT

ACCOUNT ACCOUNT NO.

DATE		ITEM	POST. REF.	DEBIT	CREDIT	BALANCE	
						DEBIT	CREDIT

ACCOUNT ACCOUNT NO.

DATE		ITEM	POST. REF.	DEBIT	CREDIT	BALANCE	
						DEBIT	CREDIT

NAME ______________________ FORM 5

ACCOUNT ACCOUNT NO.

DATE		ITEM	POST. REF.	DEBIT	CREDIT	BALANCE	
						DEBIT	CREDIT

ACCOUNT ACCOUNT NO.

DATE		ITEM	POST. REF.	DEBIT	CREDIT	BALANCE	
						DEBIT	CREDIT

ACCOUNT ACCOUNT NO.

DATE		ITEM	POST. REF.	DEBIT	CREDIT	BALANCE	
						DEBIT	CREDIT

NAME ______________________ **FORM 5**

ACCOUNT ACCOUNT NO.

DATE		ITEM	POST. REF.	DEBIT	CREDIT	BALANCE	
						DEBIT	CREDIT

ACCOUNT ACCOUNT NO.

DATE		ITEM	POST. REF.	DEBIT	CREDIT	BALANCE	
						DEBIT	CREDIT

ACCOUNT ACCOUNT NO.

DATE		ITEM	POST. REF.	DEBIT	CREDIT	BALANCE	
						DEBIT	CREDIT

NAME ______________________________ FORM 5

ACCOUNT ACCOUNT NO.

DATE		ITEM	POST. REF.	DEBIT	CREDIT	BALANCE	
						DEBIT	CREDIT

ACCOUNT ACCOUNT NO.

DATE		ITEM	POST. REF.	DEBIT	CREDIT	BALANCE	
						DEBIT	CREDIT

ACCOUNT ACCOUNT NO.

DATE		ITEM	POST. REF.	DEBIT	CREDIT	BALANCE	
						DEBIT	CREDIT

ACCOUNT ACCOUNT NO.

DATE		ITEM	POST. REF.	DEBIT	CREDIT	BALANCE	
						DEBIT	CREDIT

NAME ______________________________ **FORM 5**

ACCOUNT ACCOUNT NO.

DATE	ITEM	POST. REF.	DEBIT	CREDIT	BALANCE	
					DEBIT	CREDIT

ACCOUNT ACCOUNT NO.

DATE	ITEM	POST. REF.	DEBIT	CREDIT	BALANCE	
					DEBIT	CREDIT

ACCOUNT ACCOUNT NO.

DATE	ITEM	POST. REF.	DEBIT	CREDIT	BALANCE	
					DEBIT	CREDIT

NAME ______________________ **FORM 5**

ACCOUNT ACCOUNT NO.

DATE	ITEM	POST. REF.	DEBIT	CREDIT	BALANCE	
					DEBIT	CREDIT

ACCOUNT ACCOUNT NO.

DATE	ITEM	POST. REF.	DEBIT	CREDIT	BALANCE	
					DEBIT	CREDIT

ACCOUNT ACCOUNT NO.

DATE	ITEM	POST. REF.	DEBIT	CREDIT	BALANCE	
					DEBIT	CREDIT

ACCOUNT ACCOUNT NO.

DATE	ITEM	POST. REF.	DEBIT	CREDIT	BALANCE	
					DEBIT	CREDIT

NAME ______________________ FORM 5

ACCOUNT ACCOUNT NO.

DATE		ITEM	POST. REF.	DEBIT	CREDIT	BALANCE	
						DEBIT	CREDIT

ACCOUNT ACCOUNT NO.

DATE		ITEM	POST. REF.	DEBIT	CREDIT	BALANCE	
						DEBIT	CREDIT

ACCOUNT ACCOUNT NO.

DATE		ITEM	POST. REF.	DEBIT	CREDIT	BALANCE	
						DEBIT	CREDIT

ACCOUNT ACCOUNT NO.

DATE		ITEM	POST. REF.	DEBIT	CREDIT	BALANCE	
						DEBIT	CREDIT

NAME ______________________ FORM 5

ACCOUNT ACCOUNT NO.

DATE		ITEM	POST. REF.	DEBIT	CREDIT	BALANCE	
						DEBIT	CREDIT

ACCOUNT ACCOUNT NO.

DATE		ITEM	POST. REF.	DEBIT	CREDIT	BALANCE	
						DEBIT	CREDIT

ACCOUNT ACCOUNT NO.

DATE		ITEM	POST. REF.	DEBIT	CREDIT	BALANCE	
						DEBIT	CREDIT

NAME ______________________________ FORM 5

ACCOUNT ACCOUNT NO.

DATE		ITEM	POST. REF.	DEBIT	CREDIT	BALANCE DEBIT	BALANCE CREDIT

ACCOUNT ACCOUNT NO.

DATE		ITEM	POST. REF.	DEBIT	CREDIT	BALANCE DEBIT	BALANCE CREDIT

ACCOUNT ACCOUNT NO.

DATE		ITEM	POST. REF.	DEBIT	CREDIT	BALANCE DEBIT	BALANCE CREDIT

ACCOUNT ACCOUNT NO.

DATE		ITEM	POST. REF.	DEBIT	CREDIT	BALANCE DEBIT	BALANCE CREDIT

NAME ______________________________ **FORM 5**

ACCOUNT ______________________________ ACCOUNT NO. ________

DATE		ITEM	POST. REF.	DEBIT	CREDIT	BALANCE	
						DEBIT	CREDIT

ACCOUNT ______________________________ ACCOUNT NO. ________

DATE		ITEM	POST. REF.	DEBIT	CREDIT	BALANCE	
						DEBIT	CREDIT

ACCOUNT ______________________________ ACCOUNT NO. ________

DATE		ITEM	POST. REF.	DEBIT	CREDIT	BALANCE	
						DEBIT	CREDIT

NAME ______________________________ FORM 6

NAME

ADDRESS

DATE		ITEM	POST. REF.	DEBIT	CREDIT	BALANCE

NAME

ADDRESS

DATE		ITEM	POST. REF.	DEBIT	CREDIT	BALANCE

NAME

ADDRESS

DATE		ITEM	POST. REF.	DEBIT	CREDIT	BALANCE

NAME ______________________ FORM 6

NAME

ADDRESS

DATE		ITEM	POST. REF.	DEBIT	CREDIT	BALANCE

NAME

ADDRESS

DATE		ITEM	POST. REF.	DEBIT	CREDIT	BALANCE

NAME

ADDRESS

DATE		ITEM	POST. REF.	DEBIT	CREDIT	BALANCE

NAME ______________________________ FORM 6

NAME

ADDRESS

DATE		ITEM	POST. REF.	DEBIT	CREDIT	BALANCE

NAME

ADDRESS

DATE		ITEM	POST. REF.	DEBIT	CREDIT	BALANCE

NAME

ADDRESS

DATE		ITEM	POST. REF.	DEBIT	CREDIT	BALANCE

NAME

ADDRESS

DATE		ITEM	POST. REF.	DEBIT	CREDIT	BALANCE

NAME

ADDRESS

DATE		ITEM	POST. REF.	DEBIT	CREDIT	BALANCE

NAME

ADDRESS

DATE		ITEM	POST. REF.	DEBIT	CREDIT	BALANCE

NAME ______________________ FORM 6

NAME ______________________

ADDRESS ______________________

DATE		ITEM	POST. REF.	DEBIT	CREDIT	BALANCE

NAME ______________________

ADDRESS ______________________

DATE		ITEM	POST. REF.	DEBIT	CREDIT	BALANCE

NAME ______________________

ADDRESS ______________________

DATE		ITEM	POST. REF.	DEBIT	CREDIT	BALANCE

NAME ______________________ FORM 6

NAME

ADDRESS

DATE		ITEM	POST. REF.	DEBIT	CREDIT	BALANCE

NAME

ADDRESS

DATE		ITEM	POST. REF.	DEBIT	CREDIT	BALANCE

NAME

ADDRESS

DATE		ITEM	POST. REF.	DEBIT	CREDIT	BALANCE

NAME ______________________ FORM 6

NAME

ADDRESS

DATE		ITEM	POST. REF.	DEBIT	CREDIT	BALANCE

NAME

ADDRESS

DATE		ITEM	POST. REF.	DEBIT	CREDIT	BALANCE

NAME

ADDRESS

DATE		ITEM	POST. REF.	DEBIT	CREDIT	BALANCE

NAME ______________________________ FORM 6

NAME ____________________

ADDRESS ____________________

DATE		ITEM	POST. REF.	DEBIT	CREDIT	BALANCE

NAME ____________________

ADDRESS ____________________

DATE		ITEM	POST. REF.	DEBIT	CREDIT	BALANCE

NAME ____________________

ADDRESS ____________________

DATE		ITEM	POST. REF.	DEBIT	CREDIT	BALANCE

NAME ______________________ FORM 7

NAME ______________________________ FORM 7

NAME ______________________ FORM 7

NAME ______________________________ **FORM 7**

NAME ______________________________ FORM 7

NAME ______________________________ FORM 7

NAME ______________________________ FORM 7

NAME ______________________________ FORM 7

NAME ______________________ FORM 7

NAME ______________________________ FORM 7

NAME ______________ FORM 8

PURCHASES JOURNAL

PAGE ______

	DATE	ACCOUNT CREDITED	POST. REF.	ACCOUNTS PAYABLE CR.	SUPPLIES DR.	OFFICE SUPPLIES DR.	OTHER ACCOUNTS DR. ACCOUNT	OTHER ACCOUNTS DR. POST. REF.	OTHER ACCOUNTS DR. AMOUNT	
1										1
2										2
3										3
4										4
5										5
6										6
7										7
8										8
9										9
10										10
11										11
12										12
13										13
14										14
15										15
16										16
17										17
18										18
19										19
20										20
21										21
22										22
23										23

NAME ______________________ FORM 8

PURCHASES JOURNAL

PAGE ______

	DATE	ACCOUNT CREDITED	POST. REF.	ACCOUNTS PAYABLE CR.	SUPPLIES DR.	OFFICE SUPPLIES DR.	OTHER ACCOUNTS DR. ACCOUNT	OTHER ACCOUNTS DR. POST. REF.	OTHER ACCOUNTS DR. AMOUNT	
1										1
2										2
3										3
4										4
5										5
6										6
7										7
8										8
9										9
10										10
11										11
12										12
13										13
14										14
15										15
16										16
17										17
18										18
19										19
20										20
21										21
22										22
23										23

NAME ______________________ FORM 8

PURCHASES JOURNAL

PAGE ______

	DATE	ACCOUNT CREDITED	POST. REF.	ACCOUNTS PAYABLE CR.	SUPPLIES DR.	OFFICE SUPPLIES DR.	OTHER ACCOUNTS DR. ACCOUNT	OTHER ACCOUNTS DR. POST. REF.	OTHER ACCOUNTS DR. AMOUNT	
1										1
2										2
3										3
4										4
5										5
6										6
7										7
8										8
9										9
10										10
11										11
12										12
13										13
14										14
15										15
16										16
17										17
18										18
19										19
20										20
21										21
22										22
23										23

NAME ____________________ FORM 8

PURCHASES JOURNAL

PAGE

	DATE		ACCOUNT CREDITED	POST. REF.	ACCOUNTS PAYABLE CR.	SUPPLIES DR.	OFFICE SUPPLIES DR.	OTHER ACCOUNTS DR.			
								ACCOUNT	POST. REF.	AMOUNT	
1											1
2											2
3											3
4											4
5											5
6											6
7											7
8											8
9											9
10											10
11											11
12											12
13											13
14											14
15											15
16											16
17											17
18											18
19											19
20											20
21											21
22											22
23											23

NAME ______________________ FORM 9

REVENUE JOURNAL

PAGE ______

	DATE		INVOICE NO.	ACCOUNT DEBITED	POST. REF.	ACCTS. REC. DR. FEES EARNED CR.	
1							1
2							2
3							3
4							4
5							5
6							6
7							7
8							8
9							9
10							10
11							11
12							12
13							13
14							14
15							15
16							16
17							17
18							18
19							19
20							20
21							21
22							22
23							23
24							24
25							25
26							26
27							27
28							28
29							29
30							30
31							31
32							32
33							33

NAME ______________________ FORM 9

REVENUE JOURNAL

PAGE

	DATE		INVOICE NO.	ACCOUNT DEBITED	POST. REF.	ACCTS. REC. DR. FEES EARNED CR.	
1							1
2							2
3							3
4							4
5							5
6							6
7							7
8							8
9							9
10							10
11							11
12							12
13							13
14							14
15							15
16							16
17							17
18							18
19							19
20							20
21							21
22							22
23							23
24							24
25							25
26							26
27							27
28							28
29							29
30							30
31							31
32							32
33							33

NAME ____________________ FORM 9

REVENUE JOURNAL

PAGE

	DATE		INVOICE NO.	ACCOUNT DEBITED	POST. REF.	ACCTS. REC. DR. FEES EARNED CR.	
1							1
2							2
3							3
4							4
5							5
6							6
7							7
8							8
9							9
10							10
11							11
12							12
13							13
14							14
15							15
16							16
17							17
18							18
19							19
20							20
21							21
22							22
23							23
24							24
25							25
26							26
27							27
28							28
29							29
30							30
31							31
32							32
33							33

NAME ______________________ FORM 9

REVENUE JOURNAL

PAGE

	DATE		INVOICE NO.	ACCOUNT DEBITED	POST. REF.	ACCTS. REC. DR. FEES EARNED CR.	
1							1
2							2
3							3
4							4
5							5
6							6
7							7
8							8
9							9
10							10
11							11
12							12
13							13
14							14
15							15
16							16
17							17
18							18
19							19
20							20
21							21
22							22
23							23
24							24
25							25
26							26
27							27
28							28
29							29
30							30
31							31
32							32
33							33

NAME ______________________ FORM 10

CASH RECEIPTS JOURNAL

	DATE		ACCOUNT CREDITED	POST. REF.	OTHER ACCOUNTS CR.	FEES EARNED CR.	ACCOUNTS REC. CR.	CASH DR.	
1									1
2									2
3									3
4									4
5									5
6									6
7									7
8									8
9									9
10									10
11									11
12									12
13									13
14									14
15									15
16									16
17									17
18									18
19									19
20									20
21									21
22									22
23									23
24									24
25									25
26									26
27									27
28									28
29									29
30									30
31									31
32									32
33									33

NAME ______________________________ FORM 10

CASH RECEIPTS JOURNAL

	DATE		ACCOUNT CREDITED	POST. REF.	OTHER ACCOUNTS CR.	FEES EARNED CR.	ACCOUNTS REC. CR.	CASH DR.	
1									1
2									2
3									3
4									4
5									5
6									6
7									7
8									8
9									9
10									10
11									11
12									12
13									13
14									14
15									15
16									16
17									17
18									18
19									19
20									20
21									21
22									22
23									23
24									24
25									25
26									26
27									27
28									28
29									29
30									30
31									31
32									32
33									33

NAME ______________________________ FORM 10

CASH RECEIPTS JOURNAL

	DATE	ACCOUNT CREDITED	POST. REF.	OTHER ACCOUNTS CR.	FEES EARNED CR.	ACCOUNTS REC. CR.	CASH DR.	
1								1
2								2
3								3
4								4
5								5
6								6
7								7
8								8
9								9
10								10
11								11
12								12
13								13
14								14
15								15
16								16
17								17
18								18
19								19
20								20
21								21
22								22
23								23
24								24
25								25
26								26
27								27
28								28
29								29
30								30
31								31
32								32
33								33

NAME ______________________________ FORM 10

CASH RECEIPTS JOURNAL

	DATE	ACCOUNT CREDITED	POST. REF.	OTHER ACCOUNTS CR.	FEES EARNED CR.	ACCOUNTS REC. CR.	CASH DR.	
1								1
2								2
3								3
4								4
5								5
6								6
7								7
8								8
9								9
10								10
11								11
12								12
13								13
14								14
15								15
16								16
17								17
18								18
19								19
20								20
21								21
22								22
23								23
24								24
25								25
26								26
27								27
28								28
29								29
30								30
31								31
32								32
33								33

NAME ______________________________ FORM 11

CASH PAYMENTS JOURNAL

	DATE		CK. NO.	ACCOUNT DEBITED	POST. REF.	OTHER ACCOUNTS DR.	ACCOUNTS PAYABLE DR.	CASH CR.	
1									1
2									2
3									3
4									4
5									5
6									6
7									7
8									8
9									9
10									10
11									11
12									12
13									13
14									14
15									15
16									16
17									17
18									18
19									19
20									20
21									21
22									22
23									23
24									24
25									25
26									26
27									27
28									28
29									29
30									30
31									31
32									32
33									33

NAME ______________________ FORM 11

CASH PAYMENTS JOURNAL

	DATE	CK. NO.	ACCOUNT DEBITED	POST. REF.	OTHER ACCOUNTS DR.	ACCOUNTS PAYABLE DR.	CASH CR.	
1								1
2								2
3								3
4								4
5								5
6								6
7								7
8								8
9								9
10								10
11								11
12								12
13								13
14								14
15								15
16								16
17								17
18								18
19								19
20								20
21								21
22								22
23								23
24								24
25								25
26								26
27								27
28								28
29								29
30								30
31								31
32								32
33								33

NAME ______________________________ FORM 11

CASH PAYMENTS JOURNAL

	DATE	CK. NO.	ACCOUNT DEBITED	POST. REF.	OTHER ACCOUNTS DR.	ACCOUNTS PAYABLE DR.	CASH CR.	
1								1
2								2
3								3
4								4
5								5
6								6
7								7
8								8
9								9
10								10
11								11
12								12
13								13
14								14
15								15
16								16
17								17
18								18
19								19
20								20
21								21
22								22
23								23
24								24
25								25
26								26
27								27
28								28
29								29
30								30
31								31
32								32
33								33

NAME ______________________ FORM 11

CASH PAYMENTS JOURNAL

	DATE	CK. NO.	ACCOUNT DEBITED	POST. REF.	OTHER ACCOUNTS DR.	ACCOUNTS PAYABLE DR.	CASH CR.	
1								1
2								2
3								3
4								4
5								5
6								6
7								7
8								8
9								9
10								10
11								11
12								12
13								13
14								14
15								15
16								16
17								17
18								18
19								19
20								20
21								21
22								22
23								23
24								24
25								25
26								26
27								27
28								28
29								29
30								30
31								31
32								32
33								33

NAME ______________________________ FORM 12

NAME ______________________________ FORM 12

NAME ______________________________ FORM 12

NAME ______________________ FORM 12

NAME ______________________________ FORM 12

NAME ______________________________ FORM 12

NAME ______________________________ FORM 12

NAME ______________________________ FORM 12

NAME ______________________________ FORM 13

NAME ______________________________ FORM 13

NAME ______________________________ FORM 13

NAME ______________________________ FORM 13

NAME ______________________________ FORM 13

NAME ______________________________ FORM 13

NAME ______________________________ FORM 13

NAME ______________________ FORM 13

NAME ______________________________ FORM 14

NAME ______________________________ FORM 14

NAME ______________________________ FORM 14

NAME ______________________________ FORM 14

NAME ______________________ **FORM 15**

Proposal __________:

Year	Present Value of $1 at _____%	Net Cash Flow	Present Value of Net Cash Flow
1			
2			
3			
4			
5			
6			
Total			
Amount to be invested			
Net present value			

Proposal __________:

Year	Present Value of $1 at _____%	Net Cash Flow	Present Value of Net Cash Flow
1			
2			
3			
4			
5			
6			
Total			
Amount to be invested			
Net present value			

Proposal __________:

Year	Present Value of $1 at _____%	Net Cash Flow	Present Value of Net Cash Flow
1			
2			
3			
4			
5			
6			
Total			
Amount to be invested			
Net present value			

Proposal __________:

Year	Present Value of $1 at _____%	Net Cash Flow	Present Value of Net Cash Flow
1			
2			
3			
4			
5			
6			
Total			
Amount to be invested			
Net present value			

Proposal __________:

Year	Present Value of $1 at ______%	Net Cash Flow	Present Value of Net Cash Flow
1			
2			
3			
4			
5			
6			
Total			
Amount to be invested			
Net present value			

Proposal __________:

Year	Present Value of $1 at ______%	Net Cash Flow	Present Value of Net Cash Flow
1			
2			
3			
4			
5			
6			
Total			
Amount to be invested			
Net present value			

NAME ______________________ FORM 15

Proposal __________:

Year	Present Value of $1 at ______%	Net Cash Flow	Present Value of Net Cash Flow
1			
2			
3			
4			
5			
6			
Total			
Amount to be invested			
Net present value			

Proposal __________:

Year	Present Value of $1 at ______%	Net Cash Flow	Present Value of Net Cash Flow
1			
2			
3			
4			
5			
6			
Total			
Amount to be invested			
Net present value			

NAME ______________________ FORM 15

Proposal __________:

Year	Present Value of $1 at ______%	Net Cash Flow	Present Value of Net Cash Flow
1			
2			
3			
4			
5			
6			
Total			
Amount to be invested			
Net present value			

Proposal __________:

Year	Present Value of $1 at ______%	Net Cash Flow	Present Value of Net Cash Flow
1			
2			
3			
4			
5			
6			
Total			
Amount to be invested			
Net present value			

NAME ______________________________ FORM 16 (left)

	ACCOUNT TITLE	TRIAL BALANCE		ADJUSTMENTS		
		DEBIT	CREDIT	DEBIT	CREDIT	
1						1
2						2
3						3
4						4
5						5
6						6
7						7
8						8
9						9
10						10
11						11
12						12
13						13
14						14
15						15
16						16
17						17
18						18
19						19
20						20
21						21
22						22
23						23
24						24
25						25
26						26
27						27
28						28
29						29
30						30
31						31
32						32

NAME ______________________ FORM 16 (right)

	ADJUSTED TRIAL BALANCE		INCOME STATEMENT		BALANCE SHEET		
	DEBIT	CREDIT	DEBIT	CREDIT	DEBIT	CREDIT	
1							1
2							2
3							3
4							4
5							5
6							6
7							7
8							8
9							9
10							10
11							11
12							12
13							13
14							14
15							15
16							16
17							17
18							18
19							19
20							20
21							21
22							22
23							23
24							24
25							25
26							26
27							27
28							28
29							29
30							30
31							31
32							32

NAME ______________________ FORM 16 (left)

	ACCOUNT TITLE	TRIAL BALANCE		ADJUSTMENTS		
		DEBIT	CREDIT	DEBIT	CREDIT	
1						1
2						2
3						3
4						4
5						5
6						6
7						7
8						8
9						9
10						10
11						11
12						12
13						13
14						14
15						15
16						16
17						17
18						18
19						19
20						20
21						21
22						22
23						23
24						24
25						25
26						26
27						27
28						28
29						29
30						30
31						31
32						32

NAME ______________________ FORM 16 (right)

	ADJUSTED TRIAL BALANCE		INCOME STATEMENT		BALANCE SHEET		
	DEBIT	CREDIT	DEBIT	CREDIT	DEBIT	CREDIT	
1							1
2							2
3							3
4							4
5							5
6							6
7							7
8							8
9							9
10							10
11							11
12							12
13							13
14							14
15							15
16							16
17							17
18							18
19							19
20							20
21							21
22							22
23							23
24							24
25							25
26							26
27							27
28							28
29							29
30							30
31							31
32							32

NAME ______________________ FORM 16 (left)

	ACCOUNT TITLE	TRIAL BALANCE		ADJUSTMENTS		
		DEBIT	CREDIT	DEBIT	CREDIT	
1						1
2						2
3						3
4						4
5						5
6						6
7						7
8						8
9						9
10						10
11						11
12						12
13						13
14						14
15						15
16						16
17						17
18						18
19						19
20						20
21						21
22						22
23						23
24						24
25						25
26						26
27						27
28						28
29						29
30						30
31						31
32						32

NAME ______________________________ FORM 16 (right)

	ADJUSTED TRIAL BALANCE		INCOME STATEMENT		BALANCE SHEET		
	DEBIT	CREDIT	DEBIT	CREDIT	DEBIT	CREDIT	
1							1
2							2
3							3
4							4
5							5
6							6
7							7
8							8
9							9
10							10
11							11
12							12
13							13
14							14
15							15
16							16
17							17
18							18
19							19
20							20
21							21
22							22
23							23
24							24
25							25
26							26
27							27
28							28
29							29
30							30
31							31
32							32

NAME ________________________ FORM 16 (left)

	ACCOUNT TITLE	TRIAL BALANCE		ADJUSTMENTS		
		DEBIT	CREDIT	DEBIT	CREDIT	
1						1
2						2
3						3
4						4
5						5
6						6
7						7
8						8
9						9
10						10
11						11
12						12
13						13
14						14
15						15
16						16
17						17
18						18
19						19
20						20
21						21
22						22
23						23
24						24
25						25
26						26
27						27
28						28
29						29
30						30
31						31
32						32

NAME ______________________________ FORM 16 (right)

	ADJUSTED TRIAL BALANCE		INCOME STATEMENT		BALANCE SHEET		
	DEBIT	CREDIT	DEBIT	CREDIT	DEBIT	CREDIT	
1							1
2							2
3							3
4							4
5							5
6							6
7							7
8							8
9							9
10							10
11							11
12							12
13							13
14							14
15							15
16							16
17							17
18							18
19							19
20							20
21							21
22							22
23							23
24							24
25							25
26							26
27							27
28							28
29							29
30							30
31							31
32							32

NAME ______________________________ FORM 16 (left)

	ACCOUNT TITLE	TRIAL BALANCE		ADJUSTMENTS		
		DEBIT	CREDIT	DEBIT	CREDIT	
1						1
2						2
3						3
4						4
5						5
6						6
7						7
8						8
9						9
10						10
11						11
12						12
13						13
14						14
15						15
16						16
17						17
18						18
19						19
20						20
21						21
22						22
23						23
24						24
25						25
26						26
27						27
28						28
29						29
30						30
31						31
32						32

NAME ______________________________ FORM 16 (right)

	ADJUSTED TRIAL BALANCE		INCOME STATEMENT		BALANCE SHEET		
	DEBIT	CREDIT	DEBIT	CREDIT	DEBIT	CREDIT	
1							1
2							2
3							3
4							4
5							5
6							6
7							7
8							8
9							9
10							10
11							11
12							12
13							13
14							14
15							15
16							16
17							17
18							18
19							19
20							20
21							21
22							22
23							23
24							24
25							25
26							26
27							27
28							28
29							29
30							30
31							31
32							32

NAME ______________________________ FORM 16 (left)

	ACCOUNT TITLE	TRIAL BALANCE		ADJUSTMENTS		
		DEBIT	CREDIT	DEBIT	CREDIT	
1						1
2						2
3						3
4						4
5						5
6						6
7						7
8						8
9						9
10						10
11						11
12						12
13						13
14						14
15						15
16						16
17						17
18						18
19						19
20						20
21						21
22						22
23						23
24						24
25						25
26						26
27						27
28						28
29						29
30						30
31						31
32						32

NAME ______________________________ FORM 16 (right)

	ADJUSTED TRIAL BALANCE		INCOME STATEMENT		BALANCE SHEET		
	DEBIT	CREDIT	DEBIT	CREDIT	DEBIT	CREDIT	
1							1
2							2
3							3
4							4
5							5
6							6
7							7
8							8
9							9
10							10
11							11
12							12
13							13
14							14
15							15
16							16
17							17
18							18
19							19
20							20
21							21
22							22
23							23
24							24
25							25
26							26
27							27
28							28
29							29
30							30
31							31
32							32

NAME ______________________________ FORM 16 (left)

	ACCOUNT TITLE	TRIAL BALANCE		ADJUSTMENTS		
		DEBIT	CREDIT	DEBIT	CREDIT	
1						1
2						2
3						3
4						4
5						5
6						6
7						7
8						8
9						9
10						10
11						11
12						12
13						13
14						14
15						15
16						16
17						17
18						18
19						19
20						20
21						21
22						22
23						23
24						24
25						25
26						26
27						27
28						28
29						29
30						30
31						31
32						32

NAME ______________________ FORM 16 (right)

ADJUSTED TRIAL BALANCE		INCOME STATEMENT		BALANCE SHEET	
DEBIT	CREDIT	DEBIT	CREDIT	DEBIT	CREDIT

NAME ______________________________ FORM 16 (left)

	ACCOUNT TITLE	TRIAL BALANCE		ADJUSTMENTS		
		DEBIT	CREDIT	DEBIT	CREDIT	
1						1
2						2
3						3
4						4
5						5
6						6
7						7
8						8
9						9
10						10
11						11
12						12
13						13
14						14
15						15
16						16
17						17
18						18
19						19
20						20
21						21
22						22
23						23
24						24
25						25
26						26
27						27
28						28
29						29
30						30
31						31
32						32

NAME ______________________________ FORM 16 (right)

	ADJUSTED TRIAL BALANCE		INCOME STATEMENT		BALANCE SHEET		
	DEBIT	CREDIT	DEBIT	CREDIT	DEBIT	CREDIT	
1							1
2							2
3							3
4							4
5							5
6							6
7							7
8							8
9							9
10							10
11							11
12							12
13							13
14							14
15							15
16							16
17							17
18							18
19							19
20							20
21							21
22							22
23							23
24							24
25							25
26							26
27							27
28							28
29							29
30							30
31							31
32							32

NAME ______________________________ FORM 16 (left)

ACCOUNT TITLE	TRIAL BALANCE		ADJUSTMENTS	
	DEBIT	CREDIT	DEBIT	CREDIT

NAME ______________________________ FORM 16 (right)

	ADJUSTED TRIAL BALANCE		INCOME STATEMENT		BALANCE SHEET		
	DEBIT	CREDIT	DEBIT	CREDIT	DEBIT	CREDIT	
1							1
2							2
3							3
4							4
5							5
6							6
7							7
8							8
9							9
10							10
11							11
12							12
13							13
14							14
15							15
16							16
17							17
18							18
19							19
20							20
21							21
22							22
23							23
24							24
25							25
26							26
27							27
28							28
29							29
30							30
31							31
32							32

NAME ______________________________ FORM 16 (left)

____

____

____

	ACCOUNT TITLE	TRIAL BALANCE		ADJUSTMENTS		
		DEBIT	CREDIT	DEBIT	CREDIT	
1						1
2						2
3						3
4						4
5						5
6						6
7						7
8						8
9						9
10						10
11						11
12						12
13						13
14						14
15						15
16						16
17						17
18						18
19						19
20						20
21						21
22						22
23						23
24						24
25						25
26						26
27						27
28						28
29						29
30						30
31						31
32						32

NAME ______________________________ FORM 16 (right)

	ADJUSTED TRIAL BALANCE		INCOME STATEMENT		BALANCE SHEET		
	DEBIT	CREDIT	DEBIT	CREDIT	DEBIT	CREDIT	
1							1
2							2
3							3
4							4
5							5
6							6
7							7
8							8
9							9
10							10
11							11
12							12
13							13
14							14
15							15
16							16
17							17
18							18
19							19
20							20
21							21
22							22
23							23
24							24
25							25
26							26
27							27
28							28
29							29
30							30
31							31
32							32

NAME ______________________________ FORM 16 (left)

	ACCOUNT TITLE	TRIAL BALANCE DEBIT	TRIAL BALANCE CREDIT	ADJUSTMENTS DEBIT	ADJUSTMENTS CREDIT	
1						1
2						2
3						3
4						4
5						5
6						6
7						7
8						8
9						9
10						10
11						11
12						12
13						13
14						14
15						15
16						16
17						17
18						18
19						19
20						20
21						21
22						22
23						23
24						24
25						25
26						26
27						27
28						28
29						29
30						30
31						31
32						32

NAME ________________ ____________ FORM 16 (right)

ADJUSTED TRIAL BALANCE		INCOME STATEMENT		BALANCE SHEET	
DEBIT	CREDIT	DEBIT	CREDIT	DEBIT	CREDIT

NAME ______________________________ FORM 16 (left)

	ACCOUNT TITLE	TRIAL BALANCE		ADJUSTMENTS		
		DEBIT	CREDIT	DEBIT	CREDIT	
1						1
2						2
3						3
4						4
5						5
6						6
7						7
8						8
9						9
10						10
11						11
12						12
13						13
14						14
15						15
16						16
17						17
18						18
19						19
20						20
21						21
22						22
23						23
24						24
25						25
26						26
27						27
28						28
29						29
30						30
31						31
32						32

NAME ______________________________ FORM 16 (right)

ADJUSTED TRIAL BALANCE		INCOME STATEMENT		BALANCE SHEET	
DEBIT	CREDIT	DEBIT	CREDIT	DEBIT	CREDIT

NAME ______________________________ FORM 16 (left)

	ACCOUNT TITLE	TRIAL BALANCE		ADJUSTMENTS		
		DEBIT	CREDIT	DEBIT	CREDIT	
1						1
2						2
3						3
4						4
5						5
6						6
7						7
8						8
9						9
10						10
11						11
12						12
13						13
14						14
15						15
16						16
17						17
18						18
19						19
20						20
21						21
22						22
23						23
24						24
25						25
26						26
27						27
28						28
29						29
30						30
31						31
32						32

NAME ______________________________ FORM 16 (right)

	Adjusted Trial Balance		Income Statement		Balance Sheet		
	Debit	Credit	Debit	Credit	Debit	Credit	
1							1
2							2
3							3
4							4
5							5
6							6
7							7
8							8
9							9
10							10
11							11
12							12
13							13
14							14
15							15
16							16
17							17
18							18
19							19
20							20
21							21
22							22
23							23
24							24
25							25
26							26
27							27
28							28
29							29
30							30
31							31
32							32

NAME ______________________________ FORM 17 (left)

PAYROLL FOR WEEK ENDING

	NAME	TOTAL HOURS	EARNINGS			DEDUCTIONS			
			REGULAR	OVERTIME	TOTAL	FICA TAX	FEDERAL INCOME TAX		
1									1
2									2
3									3
4									4
5									5
6									6
7									7
8									8
9									9
10									10
11									11
12									12
13									13
14									14
15									15
16									16
17									17
18									18
19									19
20									20
21									21
22									22
23									23
24									24
25									25
26									26
27									27
28									28
29									29
30									30
31									31
32									32

NAME ______________________________ FORM 17 (right)

			PAID		ACCOUNTS DEBITED		
	U.S. SAVINGS BONDS	TOTAL	NET AMOUNT	CK. NO.	SALES SALARIES EXPENSE	OFFICE SALARIES EXPENSE	
1							1
2							2
3							3
4							4
5							5
6							6
7							7
8							8
9							9
10							10
11							11
12							12
13							13
14							14
15							15
16							16
17							17
18							18
19							19
20							20
21							21
22							22
23							23
24							24
25							25
26							26
27							27
28							28
29							29
30							30
31							31
32							32

NAME ______________________ FORM 17 (left)

PAYROLL FOR WEEK ENDING

	NAME	TOTAL HOURS	EARNINGS			DEDUCTIONS			
			REGULAR	OVERTIME	TOTAL	FICA TAX	FEDERAL INCOME TAX		
1									1
2									2
3									3
4									4
5									5
6									6
7									7
8									8
9									9
10									10
11									11
12									12
13									13
14									14
15									15
16									16
17									17
18									18
19									19
20									20
21									21
22									22
23									23
24									24
25									25
26									26
27									27
28									28
29									29
30									30
31									31
32									32

NAME ______________________________ **FORM 17 (right)**

			PAID		ACCOUNTS DEBITED		
	U.S. SAVINGS BONDS	TOTAL	NET AMOUNT	CK. NO.	SALES SALARIES EXPENSE	OFFICE SALARIES EXPENSE	
1							1
2							2
3							3
4							4
5							5
6							6
7							7
8							8
9							9
10							10
11							11
12							12
13							13
14							14
15							15
16							16
17							17
18							18
19							19
20							20
21							21
22							22
23							23
24							24
25							25
26							26
27							27
28							28
29							29
30							30
31							31
32							32

NAME ______________________ FORM 18

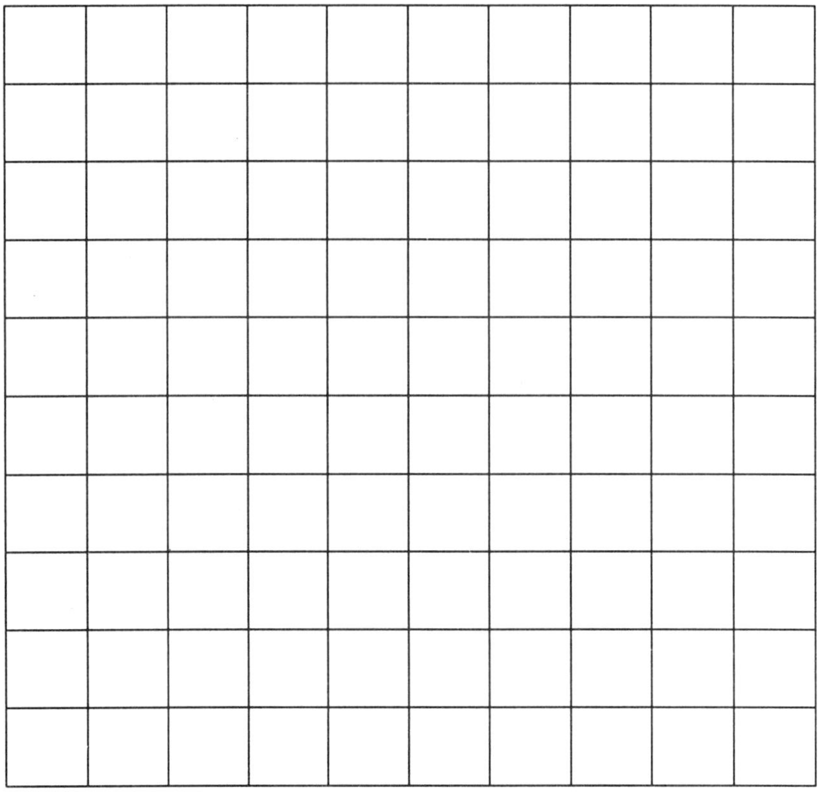

0

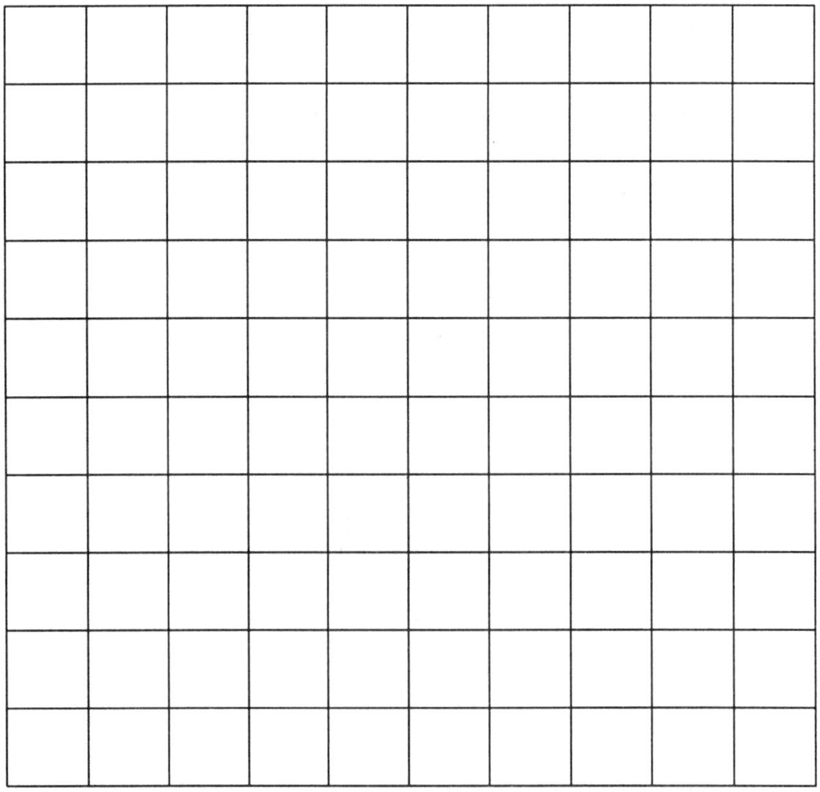

0

NAME ______________________ **FORM 18**

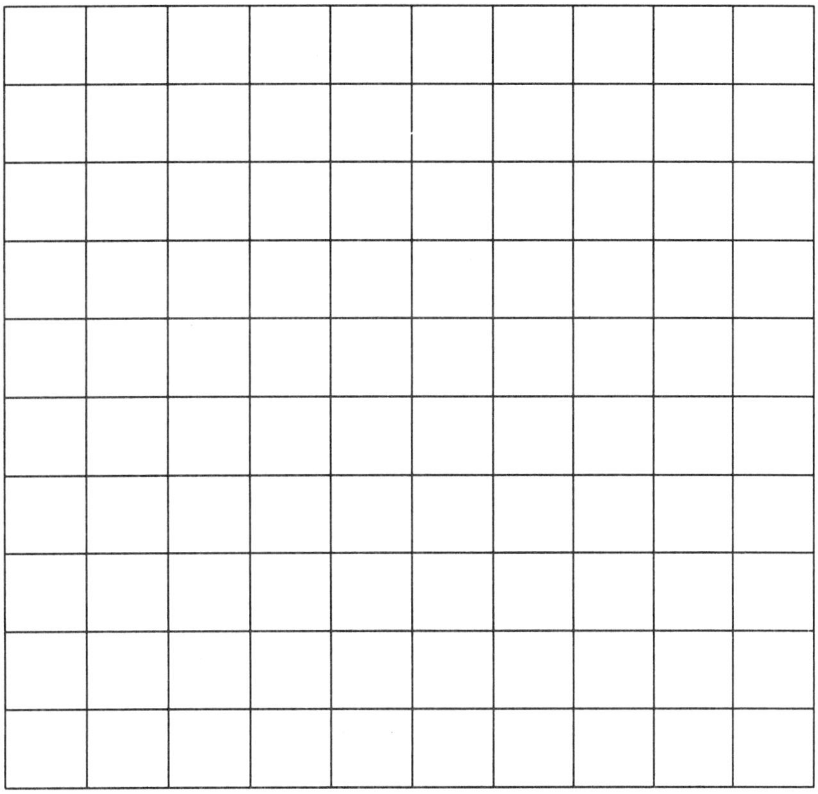

0

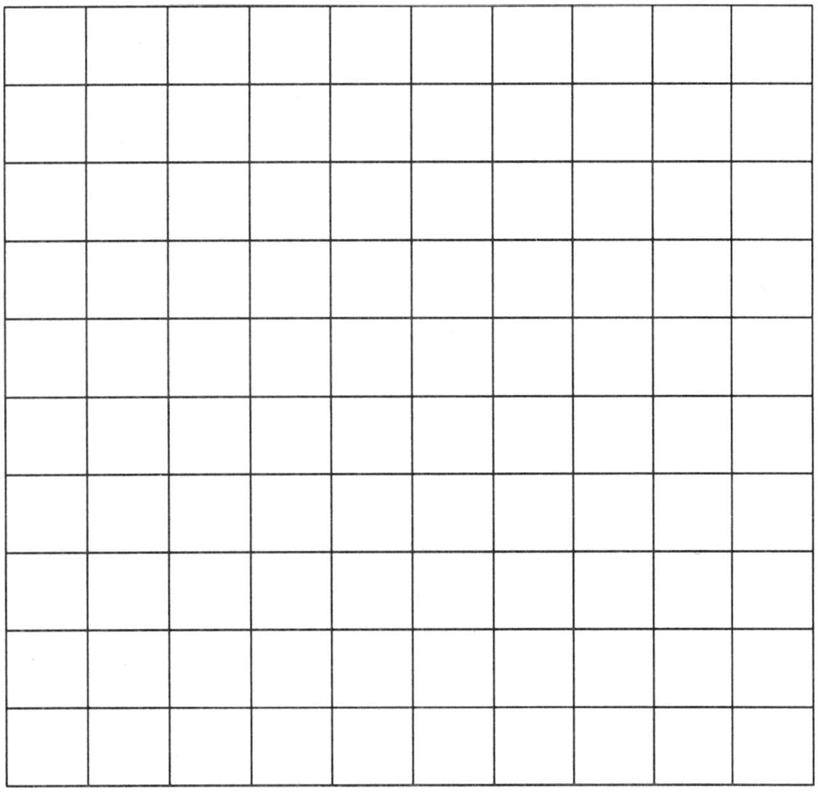

0

NAME ______________________ FORM 18

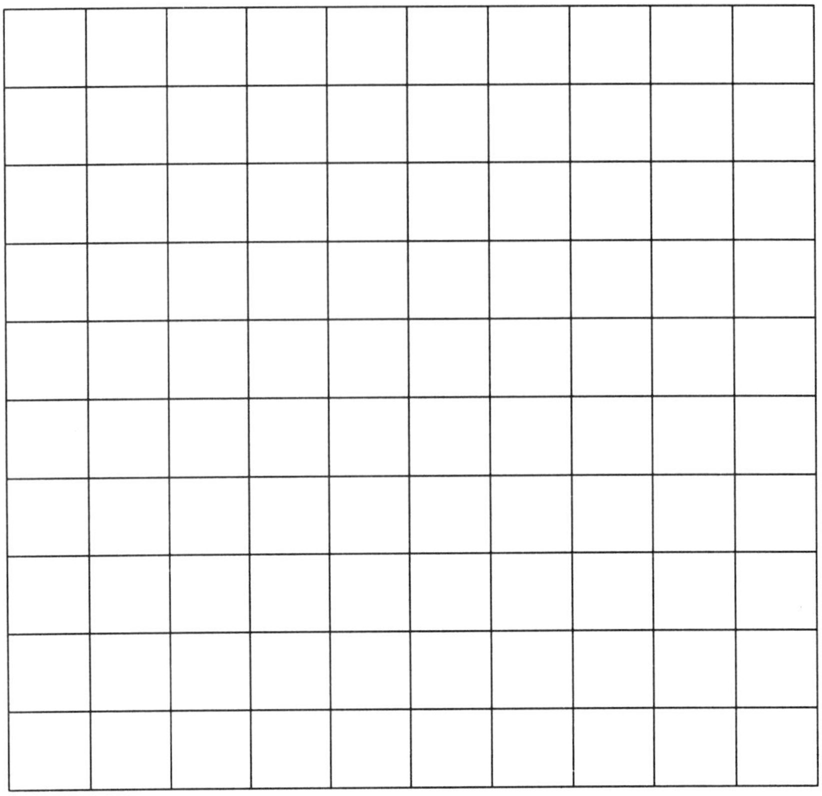

0

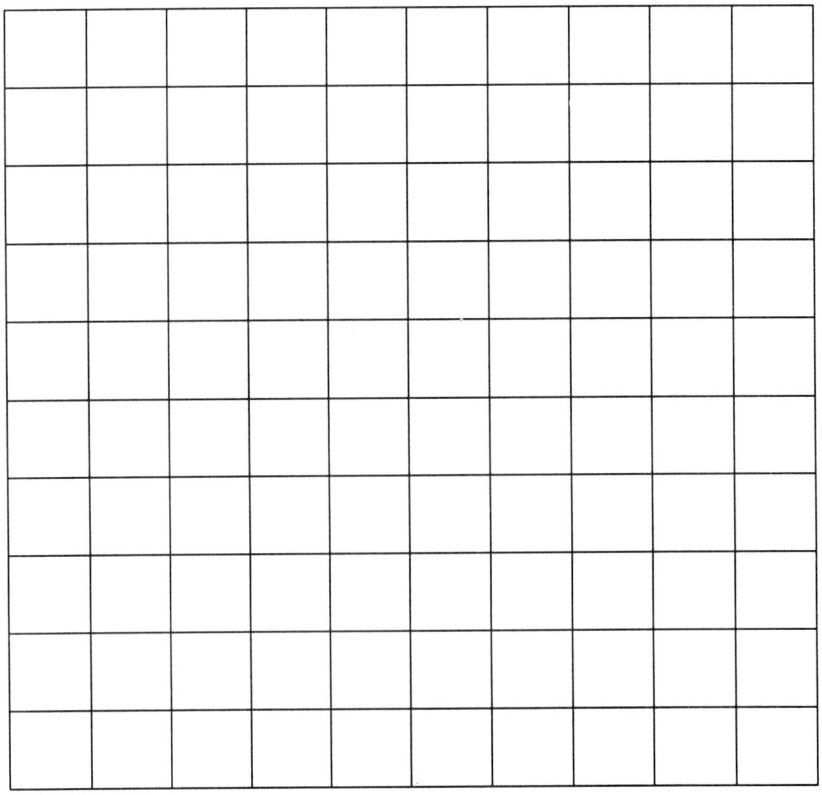

0

NAME ______________________ FORM 18

0

0

NAME ______________________________ FORM 18

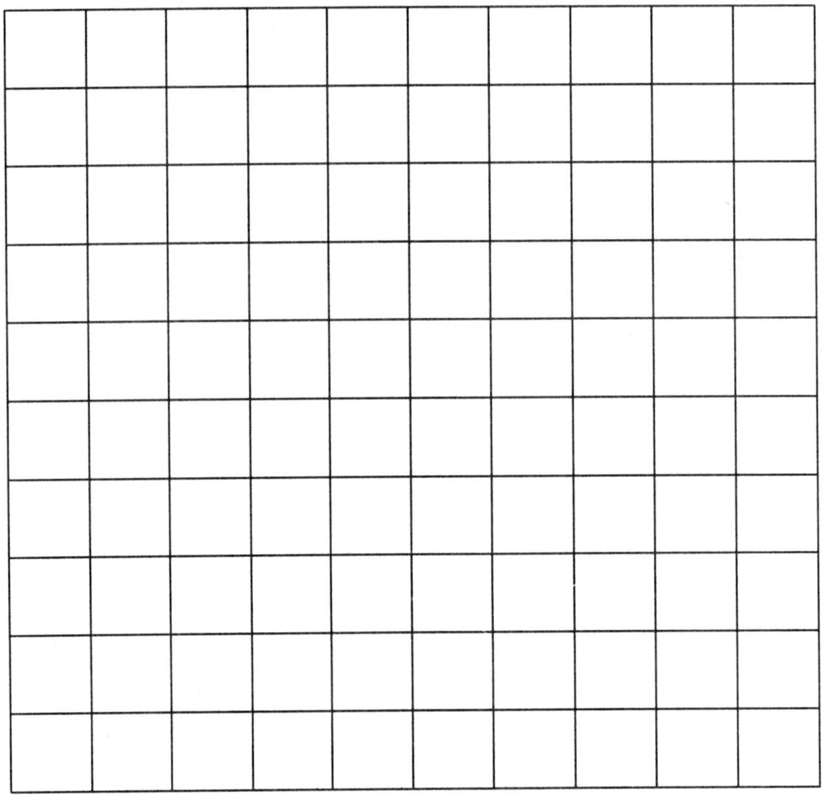

0

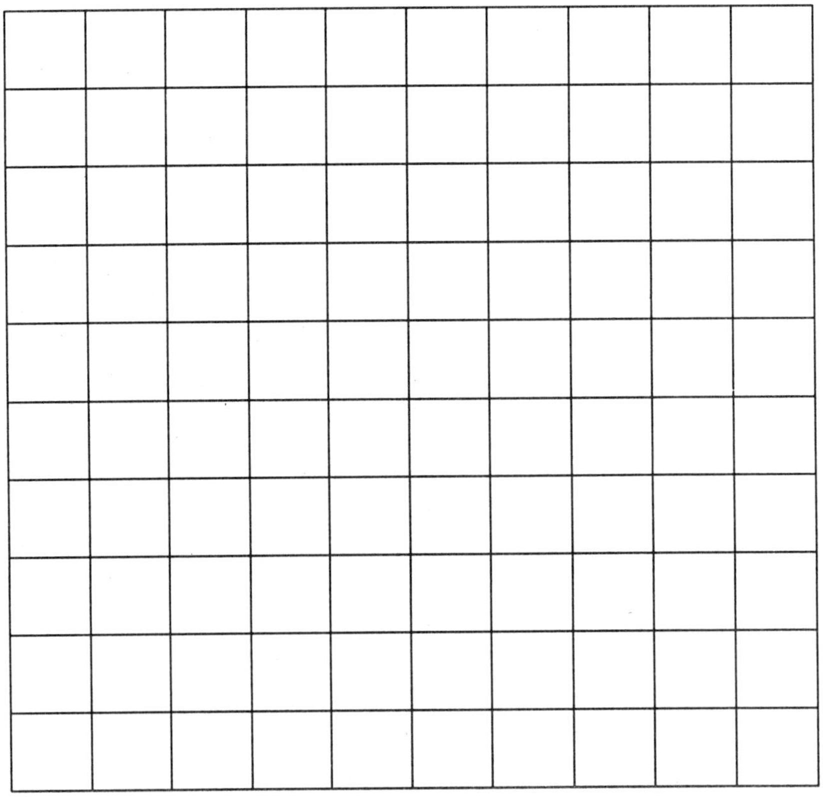

0

NAME ______________________ FORM 18

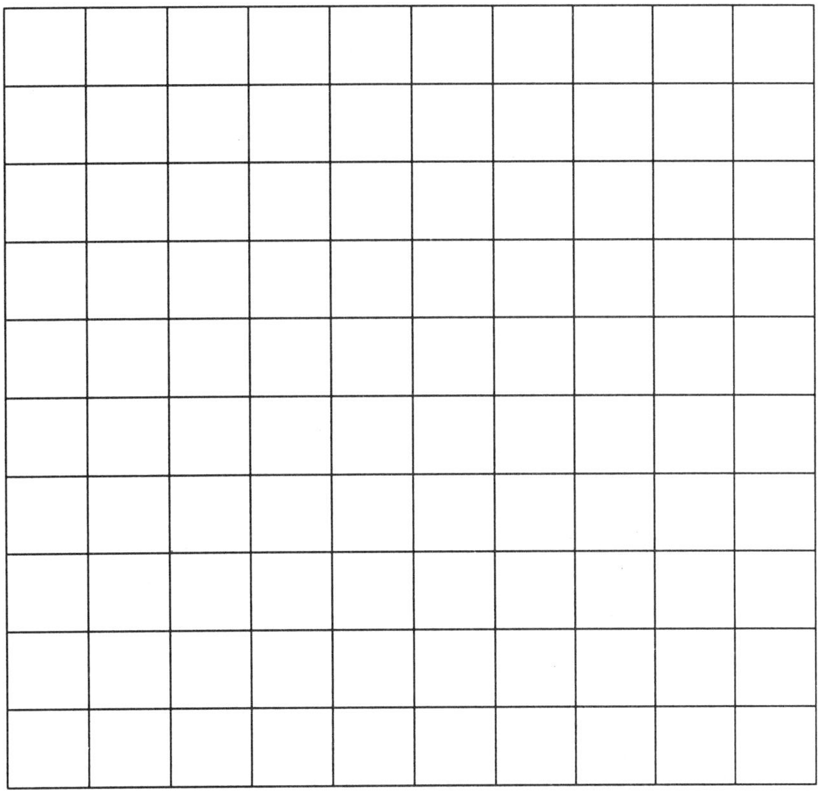

0

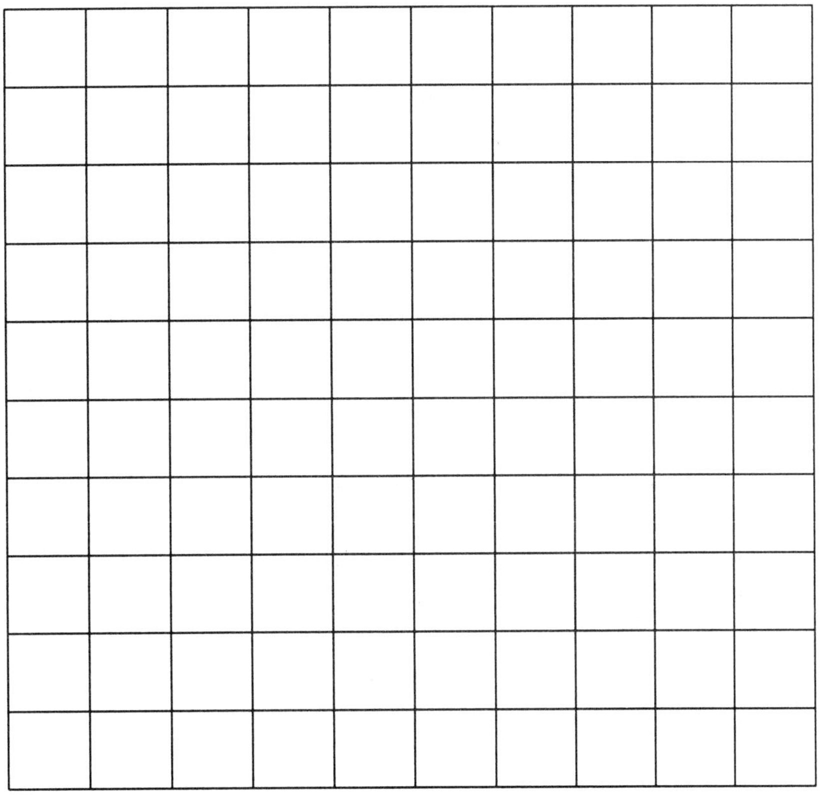

0

NAME ______________________ FORM 18

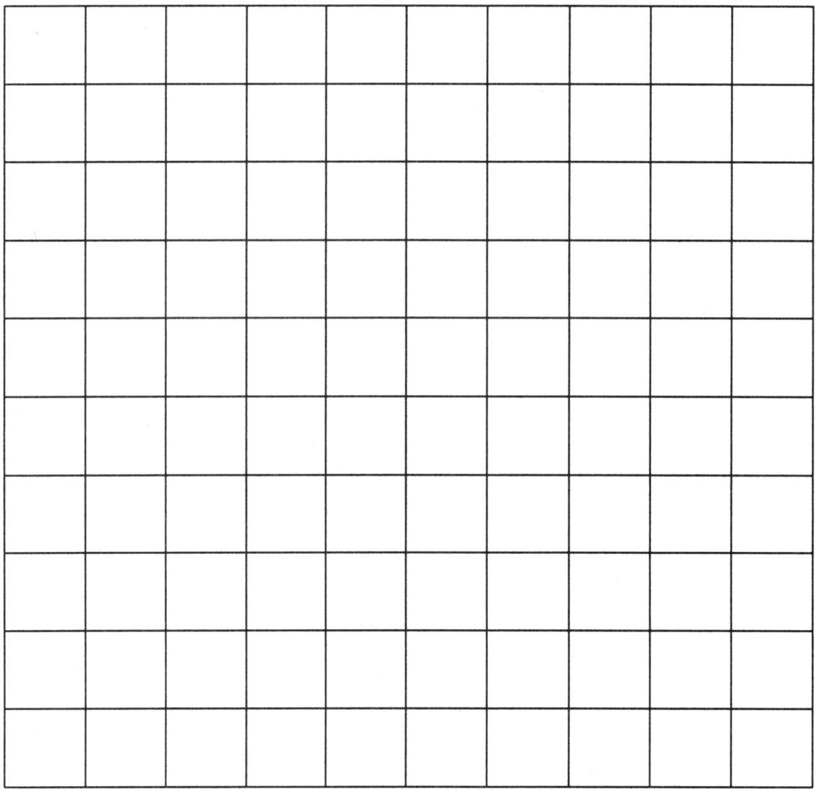

0

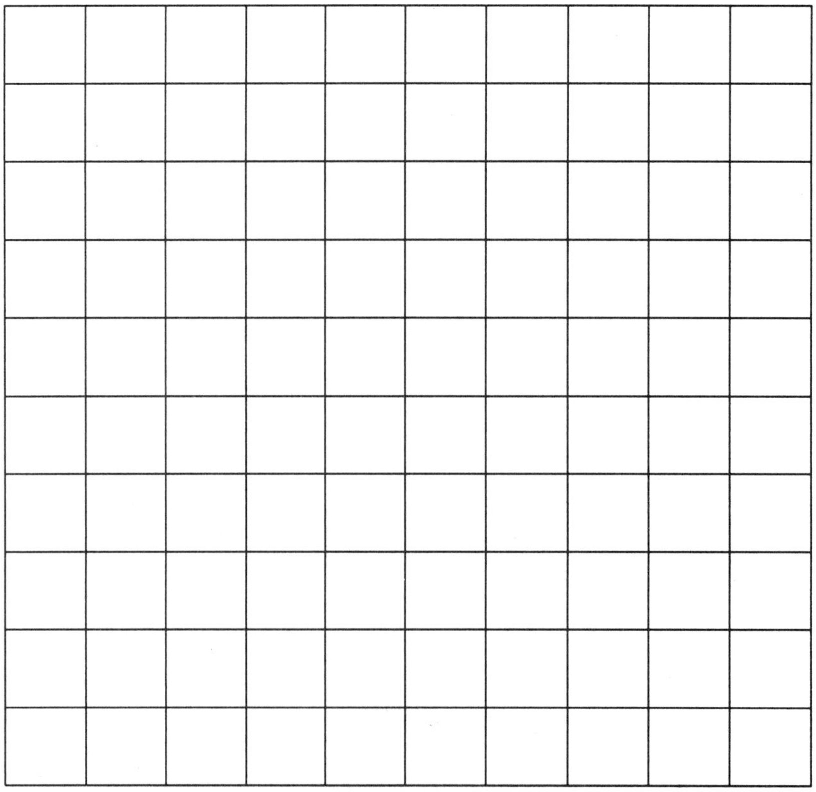

0

NAME ______________________ FORM 18

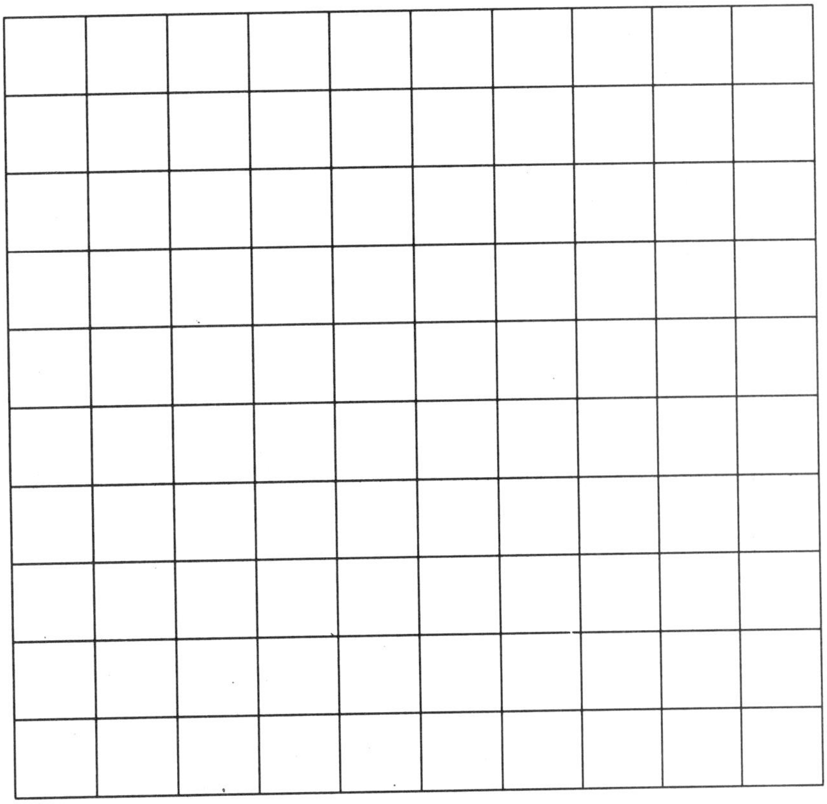

0

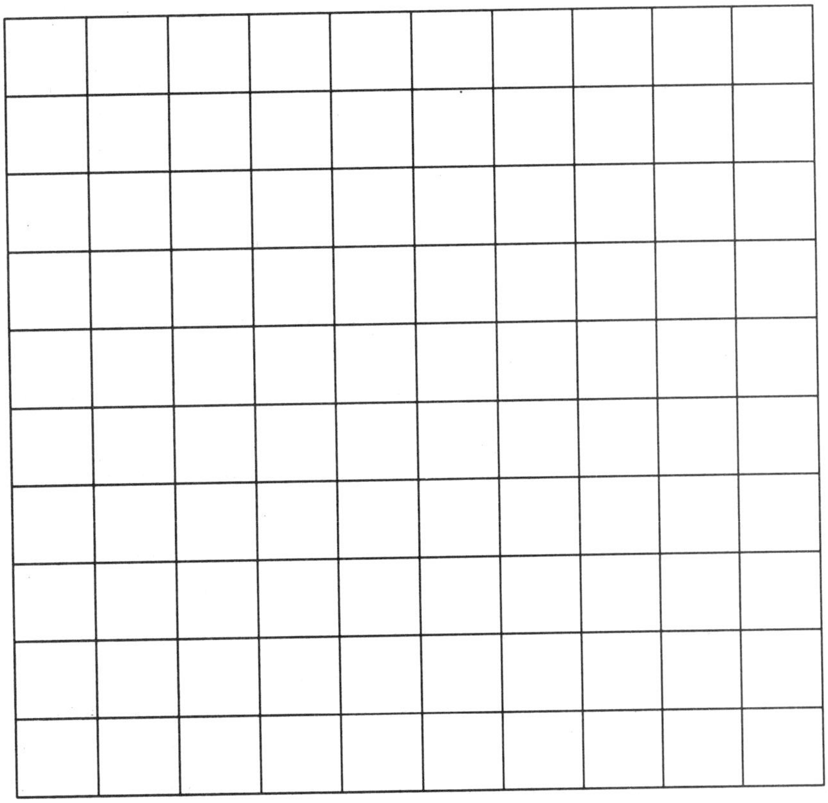

0

NAME ______________________________ **FORM 18**

0

0

NAME ______________________________ FORM 18

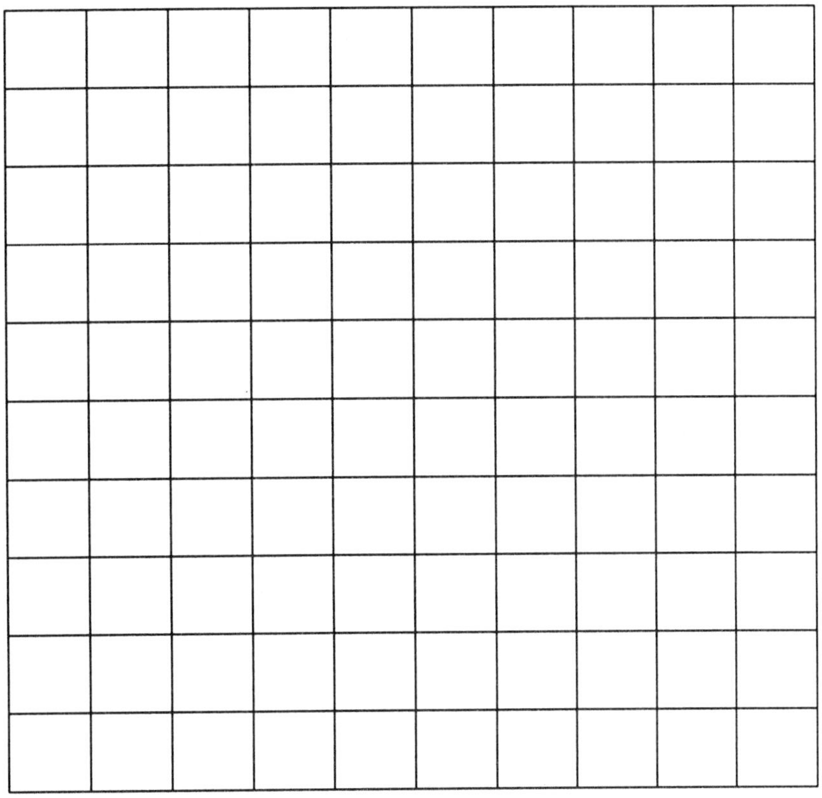

0

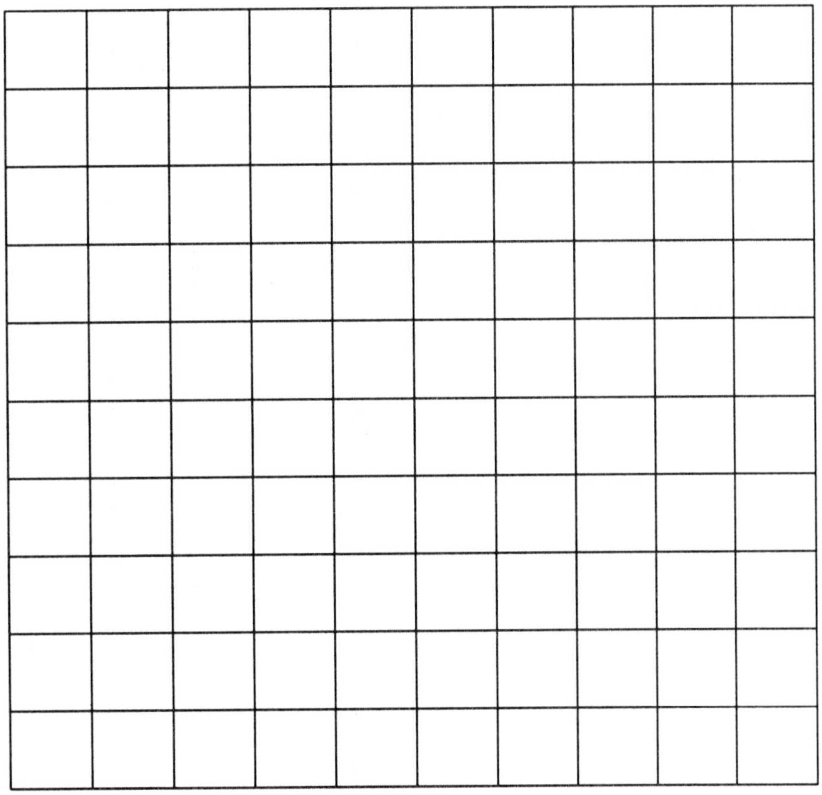

0

NAME ______________________________ FORM 18

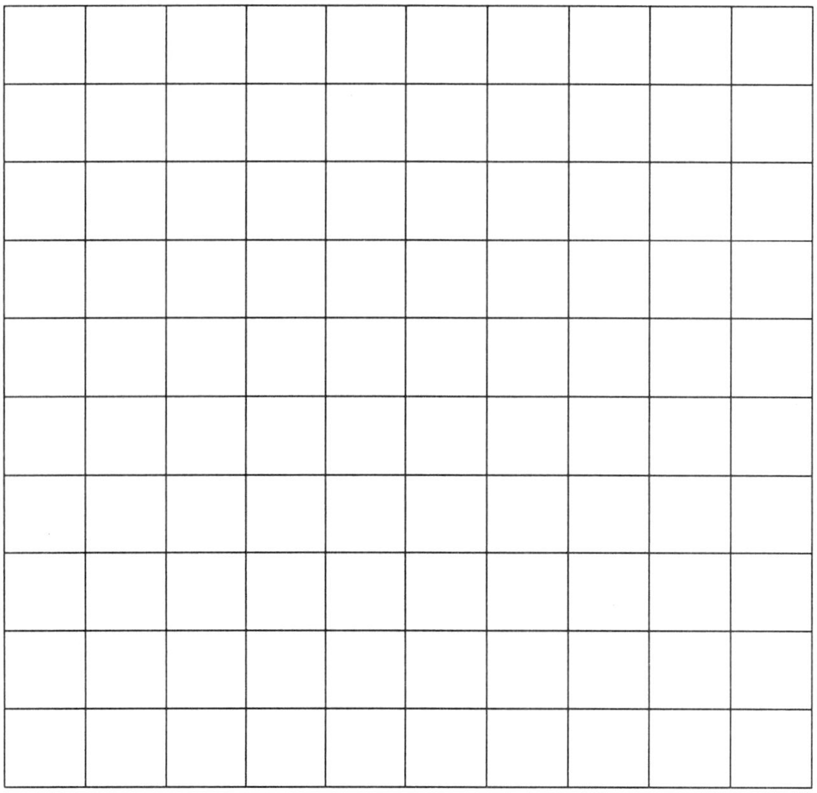

0

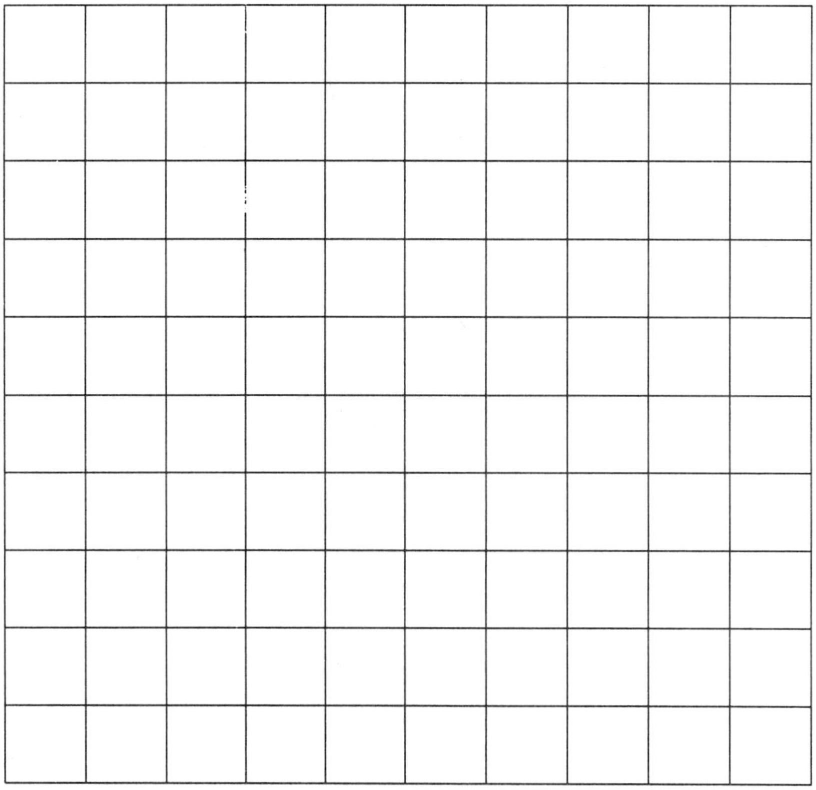

0

NAME ______________________ FORM 18

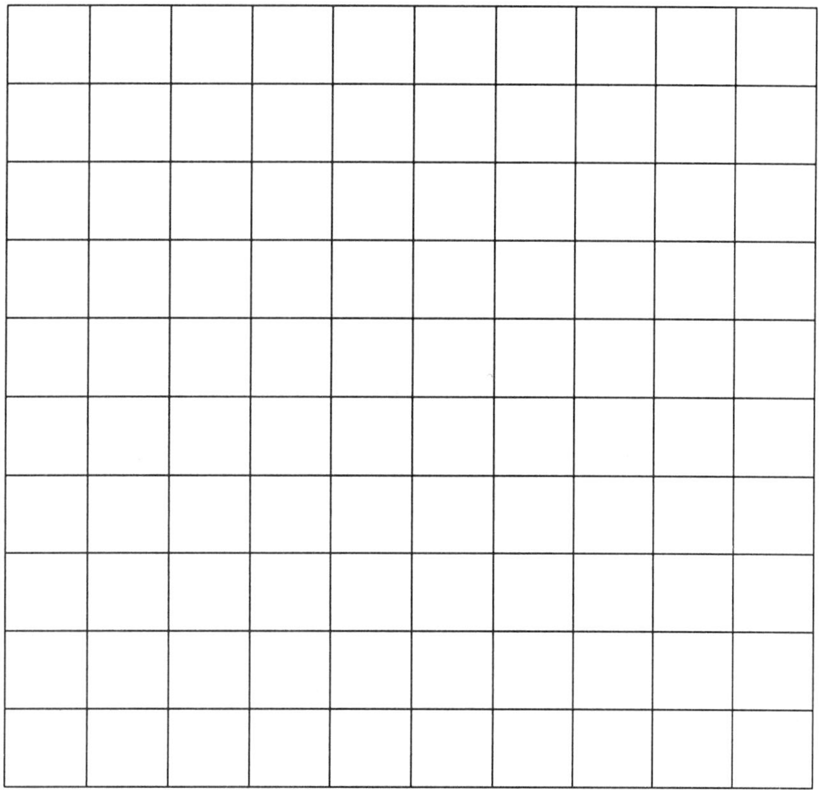

0

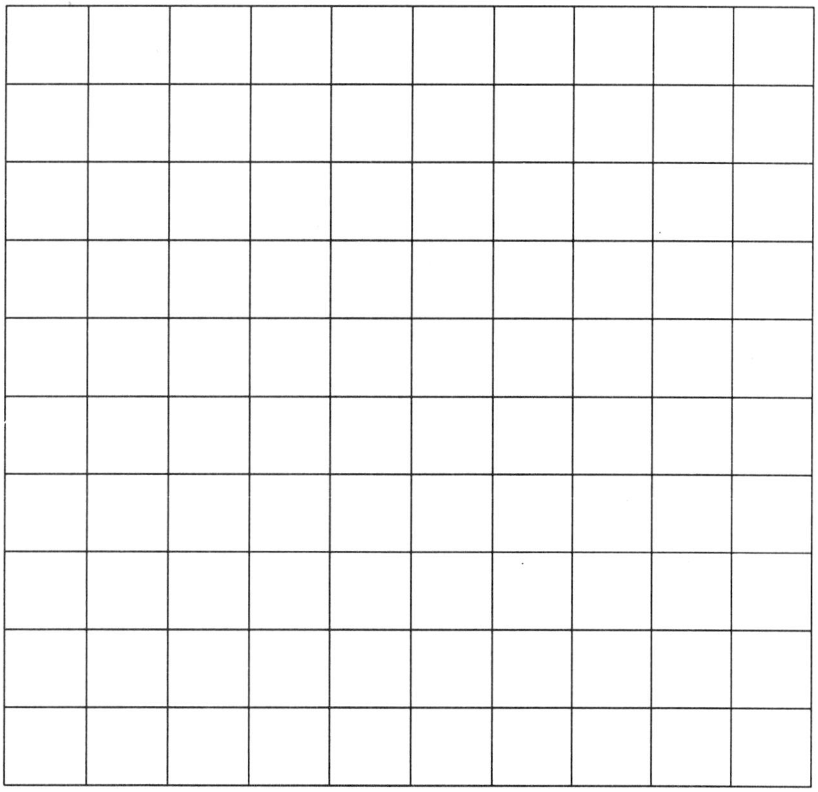

0

NAME ______________________________ FORM 18

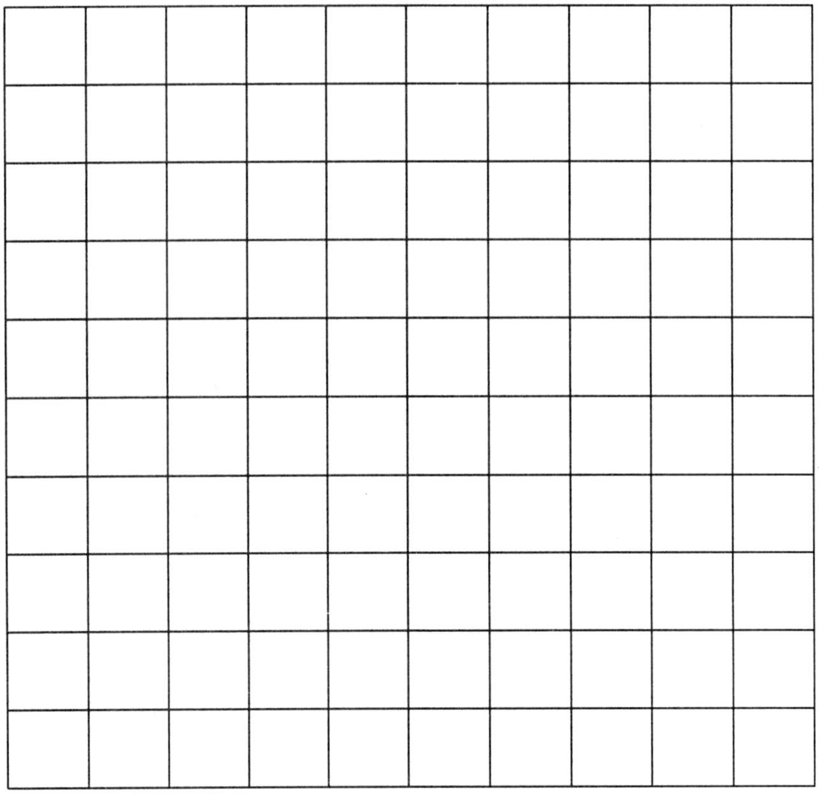

0

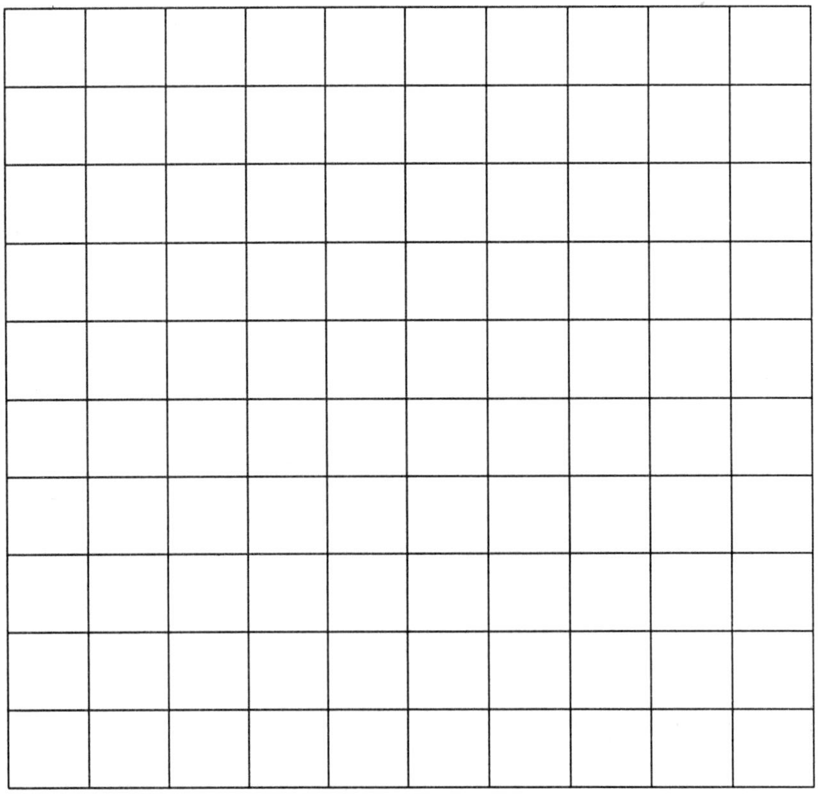

0

NAME ______________________ FORM 19

NAME ______________________________ FORM 19

NAME ______________________ FORM 19

NAME ______________________________ FORM 19

NAME ____________________ FORM 19

NAME ______________________________ FORM 19

NAME ______________________________ FORM 19

NAME ____________________ FORM 19

NAME ______________________ FORM 19

NAME ______________________________ FORM 19

NAME ______________________________ FORM 19

NAME ______________________________ FORM 19

NAME ______________________ FORM 19

NAME ______________________________ FORM 19

NAME ______________________________ FORM 19

NAME ______________________________ FORM 19

NAME ____________________ FORM 19

NAME ______________________ FORM 19

NAME ______________________________ FORM 19

NAME ____________________ FORM 19

NAME ______________________ FORM 19

NAME ____________________ FORM 19

NAME ______________________________ FORM 19

NAME ______________________ FORM 19

NAME ______________________ FORM 19

NAME ______________________ FORM 19

NAME ______________________ FORM 19

NAME ______________________________ FORM 19

NAME ______________________ FORM 19

NAME ______________________ FORM 19

NAME ______________________ FORM 19

NAME ______________________________ FORM 19

NAME ______________________________ FORM 19

NAME ______________________ FORM 19

NAME ______________________ FORM 19

7-4A

NAME ______________________ FORM 19

	Db	Cr
		3,465.50
	1,148.21	
	990.00	2,138.21
		5,603.71
		2,003.84
		3,599.87
		2,012.87
		1620.00
		3,632.87
	15.00	
	18.00	33.00
		3,599.87
	2705.36	
	21077.75	
	(21777.25)	
	2012.87	
cash	1620	
notes receivable		1500
interest revenue		120
account payable	18.00	
misc. admin. exp.	1500	
cash		3300